PASSAPORTE

guia de conversação

ITALIANO

wmf martinsfontes

SÃO PAULO 2018

Marcas
Palavras que, segundo temos conhecimento, constituem marcas registradas foram caracterizadas como tais. Saliente-se, porém, que o fato de fazer ou não menção a isso não fere a situação legal dessas marcas.

1ª edição *2009*
3ª tiragem *2018*

Tradução *EURIDES AVANCE DE SOUZA*

Acompanhamento editorial *Sandra Regina de Souza*
Preparação do original *Andréa Stahel M. da Silva*
Revisões gráficas *Ana Maria de O. M. Barbosa, Patricia Zagni*
Produção gráfica *Geraldo Alves*
Paginação *Moacir Katsumi Matsusaki*

Dados Internacionais de Catalogação na Publicação (CIP)
(Câmara Brasileira do Livro, SP, Brasil)

Passaporte : guia de conversação : italiano / [tradução Eurides Avance de Souza]. – São Paulo : Editora WMF Martins Fontes, 2009.

Título original: Last minute sprachführer italian
ISBN 978-85-7827-160-2

1. Conversação 2. Italiano – Vocabulários e manuais de conversação.

09-05994 CDD-458.2469

Índices para catálogo sistemático:
1. Guia de conversação : Italiano : Linguística 458.2469
2. Italiano : Guia de conversação : Linguística 458.2469

Rua Prof. Laerte Ramos de Carvalho, 133 01325-030 São Paulo SP Brasil
Tel. (11) 3293-8150 e-mail: info@wmfmartinsfontes.com.br
http://www.wmfmartinsfontes.com.br

Pronúncia

Em italiano, apenas as palavras terminadas em vogal tônica são acentuadas, por exemplo, *perchè*, *però*. Na maioria das palavras, a sílaba tônica é a penúltima. Nas listas de palavras e no dicionário do final, indicaremos a sílaba tônica nas palavras que possam suscitar dúvida.

c, cc	[k]	diante de *a, o, u*: diante de consoante:	casa, classe
	[tʃ]	diante de *e* e *i*, como no português *tch* (em *tch*au):	accento, dieci
ch, cch	[k]	mesma pronúncia do português *qu* (em *qu*ero):	che, pacchi
g, gg	[g]	diante de *a, o, u*:	gôndola
	[dʒ]	diante de *e* e *i*, como na pronúncia do *j* no inglês *j*eans:	gente, oggi
gh	[g]	como no português *gu*erra, *gu*isado:	ghiaccio
gl	[ʎʎ]	om de *lh*, como em mi*lh*o:	figlio
gn	[ɲ]	som de *nh*, como em ni*nh*o:	bagno
gu	[gu]	o *u* sempre é pronunciado, como em lin*gu*iça, *gu*arda:	guida, guerra
h		é mudo, como em português:	ho
qu	[ku]	o *u* sempre é pronunciado, como em *qu*ando, mesmo diante de *e* e *i*:	acqua

r	[r]	entre vogais, mesma pronúncia do português:	mare
	[r]	no início das palavras; [rr] sempre têm som vibrante, nunca gutural:	ragazza, birra
s	[s]	no início da palavra, som de *s*, como em português (*s*atisfeito):	sole
	[z]	entre duas vogais, som de *z*, como no português ca*s*a:	rosa
sc	[sk]	diante de consoantes e das vogais *a*, *o*, *u*, as duas letras mantêm seu som "independente", de *s* e *c* (como em e*sc*ola): scrivere, scusi	scrivere, scusi
	[ʃ]	diante de *e* ou *i*, som de *x*, como em *x*ícara, col*ch*a:	pesce, uscita
sci	[ʃ]	som de *x*; antes de *a*, *o*, *u* não se pronuncia o *i*:	lasciare [lachare], sciopero [chópero]
x	[ks]	sempre é pronunciado como em tá*x*i:	extra [ekstra]
z	[ts]	às vezes tem a pronúncia como em pi*zz*a:	*zucca*
	[dz	às vezes se pronuncia como se fosse o encontro entre as consoantes *d* e *z*:	zero [dzero]

OBS.: No italiano, o *a* seguido de *n* não tem som anasalado como no português, mas aberto, por exemplo, em palavras como *santo*, *Milano*, o *a* mantém seu som original e não se torna *ã*.
O som do *d* seguido da vogal *i*, por exemplo, na palavra *diabolo*, é pronunciado da mesma maneira que o nosso *d* seguido de *a*, *e*, *o* e *u*, ou seja, não tem o som de *dji*.
Mesmo antes de consoante, o *l* é articulado sempre como o fonema *lê*, como ocorre no Sul do Brasil, nunca com som de *u*.
Quando o *gl* vem seguido de *ia*, *ie*, *io* e *iu*, não pronunciamos o *i*, por exemplo, *figlia* [filha], *biglietto* [bilheto], *coniglio* [conilho] e *cigliuto* [tchilhuto].
Como visto acima, o *z* é pronunciado tanto com som de *ts* como com som de *dz*; não há uma regra fixa para definir a sua pronúncia.

Artigos definidos

MASCULINO

singular	plural	antes de	exemplo (sing)	exemplo (pl)
il	i	Consoante	il treno	i treni
l'	gli	Vogal	l'amico	gli amici
lo	gli	z, s + cons., gn, ps	lo zaino	gli zaini

FEMININO

singular	plural	antes de	exemplo (sing)	exemplo (pl)
la	le	Consoante	la macchina	la macchine
l'	le	Vogal	l'amica	le amiche

OBS.: Dadas as peculiaridades do uso dos artigos no italiano, optamos por inserir, antes de todos os substantivos, o respectivo artigo. Nas palavras iniciadas por vogal, informamos também o gênero, por exemplo, *l'apriscatole m* e *l'estate f*, e *m* indica que a palavra tem gênero masculino e *f*, feminino. Saliente-se, portanto, que tais artigos não são parte integrante do vocábulo e foram inseridos apenas para facilitar o emprego dos substantivos pelo usuário.

O alfabeto italiano

A a	[a]	J j	[i l'luŋga]	S s	['ɛsse]
B b	[bi]	K k	['kappa]	T t	[ti]
C c	[tʃi]	L l	['ɛlle]	U u	[u]
D d	[di]	M m	['ɛmme]	V v	[vu]
E e	[e]	N n	['ɛnne]	W w	[d'doppi̯a vu]
F f	['ɛffe]	O o	[ɔ]	X x	[iks]
G g	[dʒi]	P p	[pi]	Y y	['ipsilon]
H h	['akka]	Q q	[ku]	Z z	['dzɛːta]
I i	[i]	R r	['ɛrre]		

Abreviaturas no dicionário

adj	adjetivo	aggetivo
adv	advérbio	avverbio
f	feminino	femminile
m	masculino	maschile
pl	plural	plurale
qc	algo, alguma coisa	qualcosa
qd	alguém	qualcuno
sing	singular	singolare
subst	substantivo	sostantivo

Abreviaturas e siglas

a.	arrivo	chegada
a. C.	avanti Cristo	antes de Cristo
ACI	Automobile Club Italiano	Automóvel Clube da Itália
CIT	Compagnia Italiana Turismo	Companhia Italiana de Turismo
D	diretto	trem direto
d. C.	dopo Cristo	depois de Cristo
DD	direttissimo	trem diretíssimo
dott.	dottore	doutor
ecc.	eccetera	et cetera
ENIT	Ente Nazionale Italiano per il Turismo	Departamento Público de Turismo
F. S.	Ferrovie dello Stato	Companhia Ferroviária Pública
IVA	imposta sul valore aggiunto	imposto sobre valor agregado
m.	monte/metro	montanha/metro
mq.	metro quadrato	metro quadrado
p.	pagina	página
part.	partenza	partida
p. es.	per esempio	por exemplo
P. S.	Pubblica Sicurezza	Segurança Pública

rag.	ragioniere	título para pessoa que conclui um curso técnico de ensino médio, na área de contabilidade
RAI	Radio Audizioni Italiane	Empresa Italiana de Rádio e Televisão
Sig.	signor	senhor
Sig.na	signorina	senhorita
Sig.ra	signora	senhora
s.p.a.	società per azioni	sociedade anônima
s. r. l.	società a responsabilità limitata	sociedade limitada
Ue	Unione europea	União Europeia
UME	Unione Monetaria Europea	União Monetária Europeia

Dicas culturais 16

Dicas culturais

Maneira de tratar

Na Itália, as pessoas em geral usam o tratamento informal, principalmente quando são da mesma faixa etária. Se tiverem coisas em comum, logo passam a tratar-se por **tu**.

Formas de tratamento

Em situações formais, usa-se, para os homens, a forma de tratamento **signor**, acompanhada do sobrenome. Para as mulheres, usa-se **signora**, ou **signorina**, no caso das mais jovens, também acompanhada do sobrenome. A forma **signorina** é bastante comum em toda a Itália.

Os títulos são muito importantes em situações formais. Eles são usados antes do nome. Assim, por exemplo, o advogado Rossi seria apresentado como **l'avvocato** Rossi. Um título bastante comum é **dottore/dottoressa**, que todo mundo que conclui um curso universitário pode usar. Com exceção dos professores do ensino fundamental, todos os demais professores são chamados **professore/professoressa**. Outros títulos como **ragioniere/ragioniera** [contador/contadora] ou **ingegnere** [engenheiro] são comumente empregados.

Saudações

Em situações formais, as pessoas se cumprimentam com um rápido aperto de mãos. No relacionamento pessoal, os homens também se cumprimentam com um aperto de mãos, ou então com dois beijinhos rápidos.

Até a hora do almoço, usa-se **buon giorno** e, logo após, passa-se a usar **buona sera. Buona notte** tem caráter íntimo e só é empregado bem tarde da noite, antes de ir dormir.
Usa-se o cumprimento **ciao** entre amigos e conhecidos íntimos e ele serve tanto para dizer "oi/olá" como para dizer "tchau".

Despedidas

A expressão oficial de despedida é **arrivederci** ou **arrivederLa,** quando se quer demonstrar especial respeito a uma pessoa.
O **ciao** é usado apenas entre pessoas íntimas.
Ci vediamo [a gente se vê] é uma forma de despedida totalmente coloquial, empregada apenas entre pessoas de muita intimidade.
Ao sair de uma loja, restaurante ou bar, pode-se dizer também **buon giorno** ou **buona sera** em vez de **arrivederci**.

Cortesia

Para desculpar-se com uma pessoa desconhecida de modo cortês, usa-se **scusi**, e para solicitar a atenção de alguém, diz-se **senta scusi**.
Para lamentar-se diante de uma grande gafe ou falha cometida, usa-se **mi dispiace** [desculpe-me/sinto muito].

Favor

O italiano dispõe de várias expressões para solicitar um favor: **per favore, per piacere, per cortesia** e **prego.** Usam-se as três primeiras para pedir um favor ou fazer uma solicitação; por exemplo, **per me, per piacere, un caffè** [um café para mim, por favor].

Diz-se **prego** como resposta a **grazie** [obrigado(a)] ou ao servir alguém, por exemplo **ecco la birra, prego!** [aqui está a cerveja!] **Mi raccomando** também significa *por favor* e é usado para reforçar um pedido especial; por exemplo, **Una birra, ma fredda, mi raccomando!** [Uma cerveja, por favor! Mas bem gelada, hein!]
Quando se quer fazer um pedido a alguém, deve-se iniciar a frase com **scusi** ou com **abbia pazienza**; por exemplo, **Abbia pazienza, potrebbe aiutarmi a sistemare la valigia?** [O(A) senhor(a) poderia por gentileza me ajudar a pôr a mala no lugar?]
Para pedir licença a alguém, diga **permesso**.

Comer e beber

O café da manhã na Itália não é muito substancioso. Geralmente é composto apenas de **caffè** [café] e **biscotti** [biscoitos] ou **cereali** [cereais]; mais raramente há **pane, burro e marmellata** [pão, manteiga e geleia]. Muitas pessoas tomam o café da manhã num **bar** e, em pé mesmo, bebem um **cappuccino, caffè** ou **caffè macchiato** [café com um pouco de leite] e comem um brioche, **brioscia**.
O almoço e o jantar são compostos do **primo** e do **secondo piatto** [entrada e prato principal]. Como **primo piatto** há **pasta** [um prato de massa], **riso** [um prato com arroz] ou **minestra** [uma sopa], como **secondo piatto** há **carne** [carne] ou **pesce** [peixe], mais o acompanhamento. A refeição é sempre concluída com **dolce** [doce] ou **frutta** [fruta] e – quase obrigatoriamente – com um **caffè.**
A pizza é um prato principal, e na Itália há até mesmo pizzas sem recheio. Em geral, acompanha-se com cerveja.
Deseja-se **buon appetito!** [bom apetite!] a quem vai comer, e a resposta pode ser **grazie altrettanto** [obrigado(a), igualmente].
Para fazer um brinde se diz **alla salute, cin cin** ou **prosit.**

Bares e restaurantes

Quando saem com amigos, os italianos dividem a conta. Isso é chamado de **pagare alla romana**. Em grupos pequenos é comum apenas uma pessoa pagar a conta. As pessoas não arredondam o valor da conta, deixando o excedente como gorjeta, mas em geral esperam que o garçom lhes traga o troco e só então deixam a gorjeta sobre a mesa.
Nos restaurantes as pessoas não se sentam à mesa com desconhecidos, mesmo que haja lugares disponíveis. Já nas pizzarias isso é possível.

Convite

Na Itália é comum recusar de modo cortês o primeiro convite; já o segundo é melhor aceitar.
Presentes e elogios são coisas consideradas muito importantes na Itália e fazem parte de um verdadeiro ritual. Frases como **Ma non dovevi scomodarti!** [Não precisava se incomodar!] ou **Ma non occorreva!** [Não precisava!] são muito comuns. Quando se é convidado a ir à casa de alguém é de bom tom levar docinhos, petiscos de padaria ou mesmo um presentinho. Levar flores é algo mais raro.

Ao telefone

A maioria dos italianos atende ao telefone dizendo **pronto**. A pessoa que está ligando também diz **pronto** e, em seguida, se identifica.

PREPARATIVOS PARA A VIAGEM

Reserva de hotel por e-mail

Prezados senhores,

Gostaria de reservar um quarto de solteiro (*single*)/de casal (*double*)/com duas camas (*twin*) para duas noites, de 24 a 26 de junho. Solicito a gentileza de me informarem se há quartos disponíveis e qual o valor da diária com meia pensão.

Atenciosamente,

Vorrei prenotare una camera singola/matrimoniale/doppia per due notti dal 24 al 26 giugno. Vi prego di informarmi sulle Vs. disponibilità e sulle tariffe per il pernottamento e la mezza pensione.

Distinti saluti,

Dear Sir or Madam,

I would like to book a single/double/twin-bedded room for 2 nights on the 24 to 26 June. Please let me know if you have any vacancies and the total cost per night (plus dinner).

Yours faithfully,

Aluguel de automóvel por e-mail

Prezados senhores,

Gostaria de alugar um automóvel pequeno/médio/grande/uma van com sete lugares, para o período de 20 a 25 de julho, no aeroporto de Florença, e devolvê-lo no aeroporto de Linate, em Milão, pois meu voo da volta parte de lá. Solicito que me informem os valores e os documentos que preciso apresentar.

Atenciosamente,

Vorrei noleggiare un'automobile di piccola (un'utilitaria)/media/grossa cilindrata/un minibus a 7 posti dal 20 al 25 luglio all'aeroporto di Firenze e restituirla all'aeroporto di Linate/Milano dal quale ripartirò. Vi prego di mandarmi informazioni sulle tariffe e sui documenti necessari.

Distinti saluti,

Dear Sir/Madam,

I would like to hire a small/mid-range/luxury saloon car/ 7-seater people carrier from July 20 - 25 from Florence airport. I depart from Linate/Milano so wish to leave the car there. Please inform me of your rates and what documents I shall require.

Yours faithfully,

Perguntas gerais

Pretendo passar as férias em... O(A) senhor(a) poderia me fornecer informações sobre hospedagem na região?
Ho intenzione di passare le vacanze a ... Potrebbe darmi informazioni sulle possibilità di alloggio nei dintorni?

Em que tipo de acomodação o(a) senhor(a) havia pensado?
A quale tipo di alloggio aveva pensato?

hotel
albergo

pensão
pensione

acomodação em casa de família
sistemazione in famiglia

apartamento (para alugar)
appartamento (per le vacanze)

Perguntas sobre a hospedagem

Hotel – pensão – quarto particular

Estou procurando um hotel que não seja muito caro – com preço razoável.
Cerco un albergo, ma non troppo caro, a prezzo moderato.

Estou procurando um hotel com piscina coberta/campo de golfe/quadras de tênis.
Cerco un albergo con piscina coperta/campo da golf/campi da tennis.

Para quantas pessoas?
Per quante persone?

É permitido trazer cães?
Sono ammessi i cani lì?

É possível pôr uma cama extra em um dos quartos?
Potrebbe aggiungere un altro letto in una delle camere?

Quanto custa por semana?
Quanto costa alla settimana?

Casas e apartamentos de veraneio

Estou procurando um apartamento ou um bangalô para as férias.
Cerco un appartamento o un bungalow per le vacanze.

Tem ...?
C'è ...?

berço
un lettino

cadeirão
un seggiolotto

televisor
la televisione

telefone
il telefono

máquina de lavar roupa
la lavatrice

lava-louças
la lavastoviglie

micro-ondas
il microonde

O preço inclui energia elétrica?
La corrente è inclusa?

Tem roupa de cama e de banho?
Ci sono la biancheria e gli asciugamani?

Qual o valor do sinal e quando devo efetuar o pagamento?
Quant'è la caparra e quando va pagata?

Onde e quando posso pegar as chaves?
Dove e quando posso ritirare le chiavi?

Camping

Estou procurando um *camping* pequeno na costa sul. Poderia me indicar algum?
Cerco un piccolo campeggio sulla costa meridionale. Potrebbe raccomandarmi qualcosa?

GENERALIDADES

A Itália é o país do antigo e do moderno, da pintura e da escultura, da arquitetura, do *design* moderno e do *kitsch*, da ópera e das canções românticas. É a terra do barulho e do silêncio, dos carros velozes e do trânsito caótico, da moda, do futebol e das TVs por assinatura. É a terra da boa comida, do melhor café e do melhor sorvete, dos óculos de sol. É também o país das trocas de governo, o centro da Igreja católica e o berço do comunismo europeu, terra da revolução e do conformismo, dos individualistas e dos patriotas, do silêncio e da comunicação. Comece a se comunicar! Divirta-se com a Itália, com os italianos e com a língua italiana!

O essencial em frases curtas

Sim.
Sì.

Não.
No.

Por favor.
Per favore.

Obrigado(a)!
Grazie!

De nada.
Prego.

Como?
Come dice?

Certo!
Certo!

De acordo!
D'accordo!

Tudo bem!
Okay!

Está bem!
Va bene!

Com licença!
Scusi!

Um momento, por favor!
Un momento, prego!

Já chega!
Basta!

Socorro!
Aiuto!

Quem?
Chi?

O quê?
Che cosa?

Qual?
Quale?

A quem?/De quem?
A chi?

Onde?
Dove?

Onde fica/Onde ficam ...?
Dov'è/Dove sono ...?

De onde?
Da/Di dove?

Para onde?
Dove?

Por quê?
Perchè?

Para quê?
A che cosa?

Como?
Come?

Quanto?
Quanto?

Por quanto tempo?
Per quanto tempo?

Quando?
Quando?

Eu gostaria ...
Vorrei ...

Tem ...?
C'è/Ci sono ...?

Números – medidas – pesos

0	zero
1	uno
2	due
3	tre
4	quattro
5	cinque
6	sei
7	sette
8	otto
9	nove
10	dieci
11	undici
12	dodici
13	tredici
14	quattordici
15	quindici
16	sedici
17	diciassette
18	diciotto
19	diciannove
20	venti
21	ventuno
22	ventidue
23	ventitré
24	ventiquattro
25	venticinque
26	ventisei
27	ventisette
28	ventotto
29	ventinove

30	**trenta**
31	**trentuno**
32	**trentadue**
40	**quaranta**
50	**cinquanta**
60	**sessanta**
70	**settanta**
80	**ottanta**
90	**novanta**
100	**cento**
101	**centouno**
200	**duecento**
300	**trecento**
1000	**mille**
2 000	**duemila**
3 000	**tremila**
10 000	**diecimila**
100 000	**centomila**
1 000 000	**un milione**

1º	**primo**
2º	**secondo**
3º	**terzo**
4º	**quarto**
5º	**quinto**
6º	**sesto**
7º	**settimo**
8º	**ottavo**
9º	**nono**
10º	**decimo**
1/2	**un mezzo**

1/3	**un terzo**
1/4	**un quarto**
3/4	**tre quarti**
3,5%	**tre virgola cinque per cento**
27°C	**ventisette gradi**
– 5°C	**cinque gradi sotto zero**
1999	**millenovecentonovantanove**
2000	**duemila**
2006	**duemilasei**
milímetro	**millimetro**
centímetro	**centimetro**
metro	**metro**
quilômetro	**chilometro**
milha marítima	**miglio marino**
metro quadrado	**metro quadrato**
quilômetro quadrado	**chilometro quadrato**
litro	**litro**
grama	**grammo**
100 gramas	**un etto**
meio quilo	**mezzo chilo**
quilograma	**chilogrammo**

Indicações de tempo

Horário

Que horas são?
Che ore sono?/Che ora è?

São ... em ponto
Sono le/È l' ... in punto.

São cerca de ...
Sono circa ...

3 horas.
le tre.

3 e 5.
le tre e cinque.

3 e 10.
le tre e dieci.

3 e 15.
le tre e un quarto.

3 e meia.
le tre e mezza.

15 para as 4.
le quattro meno un quarto.

5 para as 4.
le quattro meno cinque.

É 1 hora.
È l'una.

É meio-dia/meia-noite.
È mezzogiorno/mezzanotte.

A que horas?/Quando?
A che ora?/Quando?

À 1h.
All'una.

Às 2h.
Alle due.

Por volta das 4h.
Verso le quattro.

Em uma hora.
Fra un'ora.

Em duas horas.
Fra due ore.

Não antes das 9h da manhã.
Non prima delle nove del mattino.

Depois das 8h da noite.
Dopo le otto di sera.

Entre 3h e 4h.
Tra le tre e le quattro.

Por quanto tempo?
Per quanto tempo?

Por duas horas.
Per due ore.

Das 10h às 11h.
Dalle dieci alle undici.

Até as 5h.
Fino alle cinque.

Desde quando?
Da quando?

Desde as 8h da manhã.
Dalle otto del mattino.

Há meia hora.
Da mezz'ora.

Há uma semana.
Da una settimana.

a esta hora	**a quest'ora**
à noite	**la notte, la sera**
agora	**ora**
amanhã	**domani**
amanhã de manhã/à noite	**domattina/domani sera**
anteontem	**l'altro ieri**
ao meio-dia	**a mezzogiorno**
às vezes	**a volte**
cedo	**presto**
de hora em hora	**ogni ora**
de manhã	**la mattina**
de tarde	**il pomeriggio**
de vez em quando	**di tanto in tanto**
dentro de uma semana	**entro una settimana**
depois de amanhã	**dopo domani**
diariamente	**tutti i giorni**
durante o dia	**il giorno**
em quinze dias	**fra quindici giorni**
em uma semana	**fra una settimana**
esta semana	**questa settimana**
há dez minutos	**dieci minuti fa**
hoje	**oggi**
hoje de manhã/hoje à noite	**stamattina/stasera**

logo	**presto**
mais tarde	**più tardi**
no domingo	**domenica**
no fim de semana	**per il fine settimana**
(n)o ano que vem	**l'anno** *m* **prossimo**
ontem	**ieri**
por volta do meio-dia	**verso mezzogiorno**
recentemente	**recentemente**
segunda-feira passada	**lunedì scorso**
tarde *(adv)*	**tardi**
todos os dias	**ogni giorno**

Dias da semana

segunda-feira	**il lunedì**
terça-feira	**il martedì**
quarta-feira	**il mercoledì**
quinta-feira	**il giovedì**
sexta-feira	**il venerdì**
sábado	**il sabato**
domingo	**la domenica**

Meses do ano

janeiro	**il gennaio**
fevereiro	**il febbraio**
março	**il marzo**
abril	**l'aprile** *m*
maio	**il maggio**
junho	**il giugno**
julho	**il luglio**
agosto	**l'agosto** *m*

setembro	**il settembre**
outubro	**l'ottobre** *m*
novembro	**il novembre**
dezembro	**il dicembre**

Estações do ano

primavera	**la primavera**
verão	**l'estate** *f*
outono	**l'autunno** *m*
inverno	**l'inverno** *m*

Feriados

Ano Novo	**Capodanno**
Dia de Reis	**Epifania**
Páscoa	**Pasqua**
Segunda-feira de Páscoa	**Lunedì dell'Angelo**
25 de abril (dia da libertação)	**Liberazione**
Dia do Trabalho (1º de maio)	**Festa del Lavoro**
Ascensão de Maria (15 de agosto)	**Assunzione, Ferragosto**
Dia de Todos os Santos (1º de novembro)	**Ognissanti**
Dia de Imaculada Conceição (8 de dezembro)	**Immacolata Concezione**
Natal	**Natale**
Dia de Natal	**Il giorno di Natale**
Dia de Santo Estéfano (26 de dezembro)	**Santo Stefano**

Datas

Que dia é hoje?
Quanti ne abbiamo oggi?

Hoje é primeiro de maio.
Oggi è il primo maggio.

Para fazer as indicações de data, os italianos empregam os números cardinais; somente o primeiro dia de cada mês é indicado com o número ordinal, *primo*.

Clima

Que tempo maravilhoso/horrível!
Che tempo splendido/da cani.

Está frio/quente/abafado.
Fa freddo/caldo/è afoso.

Está nublado/ventando.
C'è nebbia/vento.

O tempo vai continuar bom/ruim.
Rimane bello/brutto.

Vai esquentar/esfriar.
Sta diventando più caldo/freddo.

Vai chover./Vai nevar.
Pioverà./Nevicherà.

Quantos graus está fazendo hoje?
Quanti gradi abbiamo oggi?

Está fazendo 20 graus.
Abbiamo una temperatura di 20 gradi.

Qual a condição das estradas nos Alpes Dolomíticos?
In che stato si trovano le strade nelle Dolomiti?

As estradas estão cobertas de gelo.
Le strade sono ghiacciate.

É preciso usar correntes nos pneus.
Ci vogliono le catene.

abafado	**afoso**
ar	**l'aria** *f*
boletim meteorológico	**il bollettino meteorologico**
calmaria	**la bonaccia**
calor	**il caldo**
chuva	**la pioggia**
chuvoso	**piovoso**
clima, tempo	**il tempo**
ensolarado	**soleggiato**
frio	**freddo**
geada	**il gelo**
gelo	**il ghiaccio**
instável	**variabile**
intensidade do vento	**l'intensità** *f* **del vento**
maré alta	**l'alta marea** *f*
maré baixa	**la bassa marea**
neblina	**la nebbia**
neve	**la neve**
nublado	**nuvoloso**
nuvem	**la nuvola**
onda de calor	**l'ondata** *f* **di caldo**
pancadas de chuva	**gli scrosci di pioggia**
previsão do tempo	**le previsioni meteorologiche**
quente	**caldo, bollente**
raio	**il fulmine**

rajada de vento	**la raffica di vento**
sol	**il sole**
temperatura	**la temperatura**
trovão	**il tuono**
úmido	**bagnato**
vento	**il vento**

Cores

amarelo	**giallo**
azul	**blu**
bege	**beige**
branco	**bianco**
cinza	**grigio**
alaranjado	**arancione**
cor-de-rosa	**rosa**
dourado	**color oro**
lilás	**lilla**
marrom	**marrone**
prata	**argento**
preto	**nero**
roxo	**viola**
turquesa	**turchese**
verde	**verde**
vermelho	**rosso**
colorido	**a colori**
unicolor	**a tinta unita**
... claro	**... chiaro**
... escuro	**... scuro**

RELACIONAMENTO SOCIAL

Os italianos sempre encontram tempo e ocasião para uma conversinha. Seja na praça ou diante de casa, no bar ou na porta da igreja, as pessoas se encontram ou passam rapidamente na casa de alguém para dar uma palavrinha. Ou, no mínimo, estão com seus celulares sempre a postos, seja na fila do caixa do supermercado, na praia ou no aconchego do jantar em família.

Saudações e despedidas

Cumprimentos

Bom dia!
Buon giorno!

Boa tarde!
Buon giorno!

Boa noite!
Buona sera!

Até a hora do almoço, usa-se o *buon giorno*; logo depois, passa-se a usar o *buona sera.*

Oi!/Olá!
Ciao!

Entre amigos, conhecidos e familiares, as pessoas em geral se cumprimentam com dois beijinhos.

Como o(a) senhor(a) se chama?
Come si chiama?

Como você se chama?
Come ti chiami?

Eu me chamo ...
Mi chiamo ...

Como vai o(a) senhor(a)?
Come sta?

Como vai?/Tudo bem?
Come va?

Bem, obrigado(a). E o(a) senhor(a)/você?
Bene, grazie. E Lei/tu?

Apresentações

Posso lhe apresentar ... ? Esta/Este é ...
Le posso presentare ... Questa/Questo è ...

a senhora .../a senhorita .../o senhor ...
la signora .../la signorina .../il signor ...

meu marido/filho.
mio marito/figlio.

minha mulher/filha.
mia moglie/figlia.

meu amigo/namorado.
il mio amico/ragazzo.

minha amiga/namorada.
la mia amica/ragazza.

meu companheiro/minha companheira.
il mio compagno/la mia compagna.

Muito prazer!
Piacere!/Molto lieto(a)!

Na Itália não se devem esquecer os títulos e as designações relativas à profissão das pessoas. Assim, por exemplo, o advogado Conte seria habitualmente apresentado como *l'avvocato Conte*. Um título bastante comum é *dottore/dottoressa*, que todo mundo que conclui um curso universitário pode usar. Quem exerce atividade docente (com exceção dos professores do ensino fundamental) é designado como *professore/professoressa*. Títulos como *ragioniere/ragioniera* [contador/contadora] são também comumente empregados.

Despedidas

Ao sair de uma loja, restaurante ou bar, pode-se dizer *buon giorno* ou *buona sera* – dependendo do horário – em vez de *arrivederci/arrivederLa*.

Até logo!/Até a vista!
Arrivederci!/ArrivederLa!

Até breve!
A presto!

Até mais tarde!
A più tardi!

Até amanhã!
A domani!

Boa noite!
Buona notte!

Tchau!
Ciao!

Boa viagem!
Buon viaggio!

Cortesia

Pedir e agradecer

Por favor.
Per favore.

Sim, obrigado(a).
Sì, grazie.

Não, obrigado(a).
No, grazie.

Posso?
Permette?

O(A) senhor(a)/Você poderia me ajudar, por favor?
Mi può aiutare, per favore?

Obrigado(a)!
Grazie!

Obrigado(a), com todo prazer!
Grazie, molto volentieri!

Obrigado(a), é muito amável de sua parte.
Molto gentile, grazie.

De nada./Não há de quê.
Prego!/Non c'è di che!

Desculpas

Desculpe-me!
Scusi!

Não tive a intenção.
Non era questa la mia intenzione.

Infelizmente não é possível.
Purtroppo non è possibile.

Felicitações

Parabéns!/Tudo de bom!
Auguri!

Feliz aniversário!
Tanti auguri per il compleanno.

Bom trabalho!
Buon lavoro!

Boa sorte!
Buona fortuna!

Melhoras!
Buona guarigione!

Opiniões e sentimentos

Anuência

Bom.
Bene.

Certo.
Giusto.

Exato.
Preciso./Esatto.

É verdade./É mesmo.
È vero.

Boa/Ótima ideia.
Buona/Ottima idea.

Com prazer!
Con piacere!

Recusa

Não quero.
Non voglio.

Não estou com vontade.
Non ne ho voglia.

Não concordo.
Non sono d'accordo.

Está fora de cogitação!
Non se ne parla neanche!

De jeito nenhum!/Nem pensar!
In nessun caso!

Preferências

(Não) gosto.
(Non) mi piace.

Prefiro ...
Preferisco ...

O que mais me agradaria seria ...
Più di tutto mi piacerebbe ...

Indefinição

Para mim, tanto faz.
Non mi importa.

Ainda não sei.
Non lo so ancora.

Talvez.
Forse.

Provavelmente.
Probabilmente.

Alegria – entusiasmo

Excelente!
Eccellente!

Magnífico!
Magnifico!

Fantástico!
Fantastico!

Sensacional!
Super!

Admiração – surpresa

Ah, é?
Ah ecco!

Verdade?/Sério?
Davvero?/Veramente?

Incrível!
Incredibile!

Contrariedade

Que chatice!
È una seccatura!

Que confusão!
È un pasticcio!

Já chega!
Adesso basta!

Desgosto – decepção

Oh, Deus!/Nossa senhora!
O Dio!/Mamma mia!

Sinto muito.
Mi dispiace tanto.

Que pena!
Peccato!

Elogios

Que maravilha!
Che meraviglia!

É muito amável de sua parte!/É muita gentileza sua!
Che bel pensiero!

Este lugar é um sonho!
È veramente un incanto qui.

Que menino(a) adorável!
Che bambino(a) carino(a).

O(A) senhor(a) fala italiano/português muito bem.
Lei lo parla molto bene l'italiano/il portoghese.

Nunca comemos tão bem como aqui.
Non abbiamo mai mangiato così bene come da Lei.

Nós nos sentimos muitíssimo bem aqui com o(a) senhor(a).
Ci siamo trovati molto bene da Lei.

adorável	**carino, grazioso**
agradável	**piacevole**
amável	**gentile, affabile**
belo, bonito	**bello**
confortável	**comodo, confortevole**
delicioso, gostoso	**squisito, gustoso**
gentil	**gentile, cortese**
impressionante	**impressionante**

Conversa breve

Informações pessoais

Quantos anos o(a) senhor(a)/você tem?
Quanti anni ha/hai?

Tenho trinta e nove anos.
Ho trentanove anni.

Qual é a sua profissão?
Qual è la Sua *(formal)*/tua *(informal)* professione?

Sou ...
Sono ...

Trabalho no(a) ...
Lavoro presso ...

Sou aposentado(a).
Sono pensionato(a).

Ainda estou estudando.
Vado ancora a scuola.

Estou fazendo faculdade.
Sono studente *(m)* universitario/studentessa *(f)* universitaria.

Procedência e estada

De onde o(a) senhor(a)/você é?
Di dov'è Lei?/Di dove sei tu?

Sou de ...
Sono di ...

Faz tempo que o(a) senhor(a)/você está aqui?
È/Sei qui da molto?

Estou aqui há ...
Sono qui da ...

Quanto tempo o(a) senhor(a)/você vai ficar?
Quanto si ferma/ti fermi?

É a primeira vez que vem aqui?
È/Sei qui per la prima volta?

O que está achando daqui?
Che cosa ne pensa?

Família

O(A) senhor(a) é casado(a)?
È sposato/sposata?

Tem filhos?
Ha figli?

Sim, mas eles já são grandes.
Si, ma sono già grandi.

Quantos anos tem seu filho/sua filha?
Quanti anni ha suo figlio/sua figlia?

Tem 12 anos.
Ha 12 anni.

Hobbies

➢ ver também Férias em balneário e férias com atividades físicas e criativas

Quais são os seus *hobbies*?
Quali hobby ha/hai?

Dedico muito tempo a meus filhos.
Passo molto tempo con i miei figli.

Canto em um coral.
Canto in un coro.

Gosto de fazer bricolagem.
Mi piace fare i lavori di bricolage.

Pinto um pouco.
Dipingo un po'.

Coleciono antiguidades/selos/cartões-postais.
Faccio la collezione di antichità/francobolli/cartoline.

Eu me interesso por ...
Mi interesso di ...

Faço parte de ...
Appartengo a ...

cozinhar	**cucinare**
cuidar do jardim	**lavorare in giardino**
desenhar	**disegnare**
ler	**leggere**

não fazer nada, tirar uma folga	**fare il pigro**
ouvir música	**ascoltare musica**
pintar	**dipingere**
tocar música	**fare della musica**

Ginástica

➢ **ver também Férias em balneário e férias com atividades físicas e criativas**

Como o(a) senhor(a) se mantém em forma?
Come si tiene in forma?

Eu corro./Eu nado./Ando de bicicleta.
Faccio jogging./Nuoto./Vado in bicicletta.

Jogo *squash*/tênis/golfe uma vez por semana.
Una volta alla settimana gioco a squash/tennis/golf.

Vou regularmente à academia.
Vado abbastanza regolarmente in palestra/nel centro fitness.

Que esporte o(a) senhor(a) pratica?
Che sport pratica Lei?

Jogo ...
Io gioco a ...

Sou fã de ...
Sono appassionato di ...

Gosto de caminhar ...
Mi piace andare ...

Posso jogar também?
Posso giocare anch'io?

Encontro

O(A) senhor(a)/Você já tem compromisso para amanhã?
Ha/Hai già un impegno domani?

Vamos sair?
Ci andiamo insieme?

Vamos fazer algo juntos esta noite?
Vogliamo uscire insieme stasera?

Posso convidá-lo(a) para almoçar/jantar?
La *(formal)*/Ti *(informal)* posso invitare a pranzo/cena?

A que horas nos encontraremos?
A che ora ci incontriamo?

Vamos nos encontrar às 9 h na frente de .../no ...
Ci incontriamo alle 9 davanti a .../nel ...

Virei buscá-lo(a).
La *(formal)*/Ti *(informal)* vengo a prendere.

Posso vê-lo(a) de novo?
La *(formal)*/Ti *(informal)* posso rivedere?

Muito obrigado(a) pela noite agradável.
Grazie della bella serata.

Na Itália, as pessoas passam a se tratar de modo informal com muita rapidez, principalmente quando são da mesma faixa etária. Se tiverem vidas similares, como algum *hobby* ou filhos, adotarão o tratamento informal logo após meia dúzia de frases. Os jovens usam sempre o tratamento informal entre si, mesmo em relações não pessoais, como na pizzaria (garçom e cliente) e nas lojas (vendedores e clientes).

Paquera

Você tem olhos lindos.
Hai degli occhi meravigliosi.

Gosto do seu sorriso.
Mi piace come ridi.

Você me agrada.
Mi piaci.

Gosto de você.
Ti voglio bene.

Acho você fantástica.
Ti trovo splendida.

Estou louco por você.
Vado pazzo per te.

Eu te amo!
Ti amo!

Você tem namorado(a)?
Hai un ragazzo fisso/una ragazza fissa?

Quero passar a noite com você.
Vorrei passare questa notte con te.

Quero dormir com você.
Voglio venire a letto con te.

Talvez mais tarde.
Forse più tardi.

Não, está indo rápido demais.
No, ti stai allargando.

Mas só quero um carinhozinho.
Però vorrei esser solo coccolata.

Tire a mão!
Giù le mani!

Só com camisinha/preservativo!
Ma solo col profilattico.

Onde se podem comprar? *(preservativos)*
Dove si possono comprare?

Você gostou?
Ti è piaciuto?

Foi maravilhoso.
È stato meraviglioso.

Agora vá embora, por favor!
Adesso vai per favore!

Suma daqui!
Sparisci!/Scompari!

Deixe-me em paz, por favor!
Mi lasci in pace, per favore!

Dificuldades de compreensão

Como, por favor?
Come dice? *(formal)*/Come dici? *(informal)*

Não estou entendendo. Repita, por favor!
Non La capisco. Ripeta, per favore.

Por favor, fale mais devagar.
Per favore, parli più piano.

Sei./Entendo.
Capisco.

O(A) senhor(a)/Você fala ...
Parla/Parli ...

português?
portoghese?

alemão?
tedesco?

inglês?
inglese?

italiano?
italiano?

Falo só um pouco de ...
Parlo solo un po' di ...

Por favor, o(a) senhor(a) poderia escrever?
Me lo scriva, per favore!

A CAMINHO

Na Itália, o trânsito nas cidades é um pouco caótico e as leis de trânsito não são respeitadas à risca. De madrugada é comum os motoristas não pararem no sinal vermelho.
Os pedestres também não ficam esperando o farol fechar para atravessarem na sua faixa: simplesmente olham o fluxo dos carros e, ao verem uma ocasião propícia, atravessam a rua.

Perguntas sobre o caminho

Indicações de lugar

à direita	**a destra**
à esquerda	**a sinistra**
antes de	**prima di**
aqui	**qui**
atrás de	**dietro**
cruzamento	**l'incrocio** *m*
curva	**la curva**
de frente, defronte	**di fronte a**
depois de	**dopo**
em frente, reto	**diritto**
estrada, rua	**la strada, la via**
lá	**là**
longe	**lontano**
perto	**vicino**
próximo a	**vicino a**
semáforo	**il semaforo**

Mais uma dica para os motoristas: nos semáforos da Itália, a fase do verde para o amarelo é bem demorada, de forma que se pode tranquilamente passar no amarelo, só se devendo parar mesmo no vermelho!

Descrição do caminho

Por favor, qual o caminho para ...?
Scusi, per andare a ...?

Sempre em frente até ...
Sempre diritto fino a ...

Depois do semáforo, vire à esquerda/direita.
Poi al semaforo svolti a sinistra/destra.

Siga as placas.
Segua le indicazioni.

A que distância fica?
Quanti chilometri sono?

Mais ou menos a dois quilômetros.
Circa due chilometri.

É bem perto daqui.
È vicinissimo.

Por favor, esta é a estrada para ...?
Scusi, è questa la strada per ...?

Por favor, senhor/senhora/senhorita, onde fica ...?
Scusi signore/signora/signorina, dov'è ...?

Desculpe, mas não sei.
Mi dispiace, non lo so.

Vá em frente./Vire à esquerda/à direita.
Vada diritto/a sinistra/a destra.

A primeira/segunda rua à esquerda/à direita.
La prima/seconda strada a sinistra/a destra.

Atravesse ...
Attraversi ...

a ponte.
il ponte.

a praça.
la piazza.

a rua.
la strada.

O melhor é pegar o ônibus número ...
Il meglio è prendere la linea n° ...

Na fronteira

Fiscalização de passaporte

Seu passaporte, por favor!
Il Suo passaporto, per favore!

O(A) senhor(a) tem visto?
Ha il visto?

Posso conseguir um visto aqui mesmo?
Mi potete rilasciare qui il visto?

Controle alfandegário

O(A) senhor(a) tem algo a declarar?
Ha niente da dichiarare?

Encoste ali à direita/à esquerda, por favor.
Si metta lì a destra/a sinistra.

Por favor, abra o porta-malas/esta mala.
Apra, per favore, il bagagliaio/questa valigia.

Devo declarar isto?
Devo sdoganare questo?

Dados pessoais

data de nascimento	**la data di nascita**
domicílio	**il domicilio**
estado civil	**lo stato di famiglia**
casado(a)	**sposato(a)**
solteiro(a)	**celibe** *(m)*/**nubile** *(f)*
viúvo(a)	**vedovo(a)**
local de nascimento	**il luogo di nascita**
nacionalidade	**la nazionalità**
nome	**il nome**
sobrenome	**il cognome**
sobrenome de solteira	**il nome da ragazza**

Fronteira

alfândega	**la dogana**
carteira de identidade	**la carta d'identità**
carteira de motorista	**la patente**
certificado internacional de vacinação	**il certificato internazionale di vaccinazione**
cidadão da União Europeia	**il cittadino unitario**
controle de passaportes	**il controllo dei passaporti**
entrada	**l'entrata** *f*
fronteira	**la frontiera, il confine**

isento de taxas alfandegárias	**esente da dazio doganale**
passaporte	**il passaporto**
placa de nacionalidade	**la targa di nazionalità**
placa do carro	**la targa**
saída	**il passaggio di confine**
seguro de veículo	**la carta verde**
sujeito a taxas alfandegárias	**soggetto a dazio doganale**
taxas alfandegárias	**le tariffe doganali**
válido	**valido**
visto	**il visto**

Automóvel e motocicleta

Rotas, indicações ...

área de descanso	**la piazzola di sosta**
congestionamento, engarrafamento	**l'ingorgo** *m*

Nas rodovias italianas, paga-se pedágio. Para passar mais rápido pelos postos de pedágio, deve-se adquirir o *viacard*, um cartão de valor fixo vendido em postos de gasolina da estrada, do qual vão sendo abatidas as passagens pelo pedágio. No pedágio, haverá indicação de cabines para quem tem o *viacard*.

estrada mestra, estrada real	**la strada maestra**
estrada principal	**la strada principale**
estrada secundária	**la strada secondaria**
fiscalização por radar	**il controllo radar**
índice (máximo permitido)	**il limite (massimo consentito)**

de alcoolemia	**di alcol nel sangue**
multa	**l'ammenda** *f*
pedágio	**il pedaggio**
pedágio rodoviário	**il pedaggio autostradale**
pessoa que pega carona	**l'autostoppista** *m, f*
placa de trânsito	**il segnavia** *m*
posto de pedágio, praça de pedágio	**il casello**
posto de serviço	**la stazione di servizio, l'autogrill®** *m*
rodovia	**l'autostrada** *f*
via expressa	**la superstrada**
viajar de carona	**viaggiare in autostop**

Indicações e informações

Attenzione	Cuidado/Atenção
Bambini	Crianças
Cambio corsia	Mudança de pista
Cantiere edile	Obras
Circonvallazione	Anel viário
Curva pericolosa	Curva perigosa
Dare la precedenza	Dê a preferência
Deviazione	Desvio
Discesa pericolosa	Declive perigoso
Disco orario	Cartão de estacionamento
Divieto di sorpasso	Proibido ultrapassar
Divieto di sosta	Proibido estacionar
Ingorgo	Congestionamento
Lavori in corso	Obras na pista
Limite di velocità	Limite de velocidade
Mettersi in fila	Colocar-se em fila
Ospedale	Hospital
Parcheggio	Estacionamento

Passaggio a livello incustodito	Passagem de nível sem barreira
Passaggio pedonale	Faixa de pedestres
Pericolo	Perigo
Pista ciclabile	Ciclovia
Ponte	Ponte
Principiante	Novato (no volante)
Rallentare	Reduza a velocidade
Scuola	Escola
Senso unico	Mão única/Sentido único
Sottopassaggio	Passagem subterrânea
Strada sdrucciolevole	Pista escorregadia
Tamponamento	Engavetamento
Tenere la destra	Conserve-se à direita
Tenere libero l'accesso	Deixar o acesso livre
Uscita	Saída
Vietato al traffico	Tráfego proibido
Vietato l'accesso	Entrada proibida
Zona a disco orario	Zona azul/Área de estacionamento regulamentado
Zona pedonale	Área de pedestres

No posto de gasolina

➢ ver também Na oficina mecânica

Por favor, onde é o posto de gasolina mais próximo?
Dov'è la prossima stazione di servizio, per favore?

Eu queria ... litros de ...
Vorrei ... litri di ...

gasolina comum.
benzina normale.

gasolina aditivada/de alta octanagem/super.
super.

diesel.
gasolio.

(gasolina) misturada.
miscela.

(gasolina) sem chumbo/com ... octanos.
senza piombo (verde)/a ... ottani.

Encha o tanque, por favor.
Il pieno, per favore.

Por favor, verifique o nível do óleo/a calibragem dos pneus.
Per favore, controlli il livello dell'olio/la pressione delle gomme.

Por favor, eu queria um mapa rodoviário desta região.
Desidero una carta stradale di questa zona.

Estacionamento

Por favor, há algum estacionamento aqui perto?
Scusi c'è un parcheggio qui vicino?

Posso deixar o carro aqui?
Posso lasciare la macchina qui?

O(A) senhor(a) poderia trocar dinheiro por moeda para o parquímetro, por favor?
Mi può cambiare i soldi in moneta per il parchimetro, per favore?

O estacionamento tem vigia?
Il parcheggio è custodito?

Qual é o preço do estacionamento por uma hora?
Qual è la tariffa per un'ora?

O estacionamento fica aberto a noite toda?
Il parcheggio è aperto tutta la notte?

Problemas mecânicos

Estou com um problema mecânico.
Ho un guasto/una panna.

Por favor, senhor/senhora/senhorita, há alguma oficina aqui perto?
Scusi signore/signora/signorina, c'è un'officina qui vicino?

Por favor, o(a) senhor(a) poderia telefonar para o socorro rodoviário?
Potrebbe telefonare al soccorso stradale?

Por favor, o(a) senhor(a) poderia me mandar um mecânico/um guincho?
Mi potrebbe mandare un meccanico/un carro attrezzi?

O(A) senhor(a) poderia me dar um pouco de gasolina, por favor?
Mi potrebbe dare un po' di benzina, per favore?

Será que o(a) senhor(a) poderia me ajudar a trocar o pneu, por favor?
Mi potrebbe aiutare a cambiare la ruota?

Será que o(a) senhor(a) poderia me dar uma carona até a oficina mais próxima?
Mi potrebbe dare un passaggio fino alla prossima officina?

cabo auxiliar de partida	**il cavo ausiliario per la messa in moto**
cabo de reboque	**il cavo da rimorchio**
estepe	**la ruota di scorta**
ferramenta	**l'utensile** *m*, **l'attrezzo** *m*
galão de gasolina	**la lattina, la tanica**
guincho	**il carro attrezzi**
luzes de advertência, pisca-alerta	**il lampeggiatore d'emergenza**
macaco	**il cric**
pneu furado	**la gomma a terra**
problema mecânico	**il guasto, la panna**
rebocar	**rimorchiare, trainare**
serviço de reboque	**l'autosoccorso** *m*
socorro rodoviário	**il soccorso stradale**
telefone de emergência	**il telefono d'emergenza**
triângulo de segurança	**il triangolo**

Na oficina mecânica

Meu carro não pega.
La macchina non parte.

O motor não está funcionando bem.
Il motore non va bene.

... está/estão com defeito.
... è difettoso *(sing)*/ **sono difettosi** *(pl)*.

Está vazando óleo do carro.
La macchina perde olio.

Pode dar uma olhada, por favor?
Ci potrebbe dare un'occhiata, per favore?

Troque as velas, por favor.
Cambi le candele, per favore.

Faça só os consertos absolutamente necessários, por favor.
Faccia soltanto le riparazioni indispensabili, per favore.

Quando o carro/a motocicleta fica pronto(a)?
Quando sarà pronta la macchina/la motocicletta?

Quanto vai custar?
Quanto costerà?

acelerador	**l'acceleratore** *m*
água do radiador	**l'acqua** *f* **di raffreddamento**
anticongelante	**l'antigelo** *m*
bomba de gasolina	**la pompa della benzina**
buzina	**il clacson**
câmbio	**il cambio**
câmbio automático	**il cambio automatico**
cano de escapamento	**il tubo di scarico**
capô	**il cofano**
cinto de segurança	**la cintura di sicurezza**
curto-circuito	**il corto circuito**
defeito	**il difetto**
dínamo	**la dinamo**
dispositivo antifurto	**l'antifurto** *m* **elettronico, immobilizzatore**
embreagem	**la frizione**
escapamento	**lo scappamento**
(espelho) retrovisor	**lo specchietto retrovisore**
faróis altos	**i fari abbaglianti**
faróis baixos	**le luci anabbaglianti**

farol	**il faro**
filtro de ar	**il filtro dell'aria**
freio	**il freno**
freio de mão	**il freno a mano**
ignição	**l'accensione** *f*
lanterna traseira	**il fanalino posteriore**
limpador de para-brisas	**il tergicristallo**
luzes de freio	**le luci di arresto**
luzes de posição, faroletes	**le luci di posizione**
marcha	**la marcia**
marcha a ré	**la marcia indietro**
ponto morto	**la folle**
primeira marcha	**prima**
motor	**il motore**
motor de arranque	**il motorino d'avviamento**
oficina mecânica	**l'autofficina** *f*
óleo	**l'olio** *m*
óleo/fluido de freio	**l'olio** *m* **per freni**
para-brisa	**il parabrezza**
para-choque	**il paraurti**
parafuso	**la vite**
pisca-pisca, seta	**la freccia, l'indicatore** *m* **di direzione**
pneu	**il pneumatico**
pneus para neve	**i pneumatici da neve**
porta-malas	**il bagagliaio**
radiador	**il radiatore**
roda	**la ruota**
sistema de alarme	**il sistema d'allarme**
tanque de gasolina	**il serbatoio**
troca de óleo	**il cambio dell'olio**
vela	**la candela**
velocímetro	**il tachimetro**

Acidente de carro

Houve um acidente.
C'è stato un incidente.

Por favor, chame logo ...
Chiami subito ...

uma ambulância.
un'autoambulanza.

a polícia.
la polizia.

os bombeiros.
i vigili del fuoco.

Na Itália, há duas polícias responsáveis pelo controle do trânsito: a *polizia stradale* e os *vigili*. A *polizia stradale* utiliza viaturas e uniformes azuis e encarrega-se do controle das estradas; já os *vigili* controlam o trânsito dentro da cidade. O uniforme dos *vigili* pode variar de cidade para cidade, mas na maioria delas é preto (no verão, pode ser branco) com um quepe branco e luvas brancas.

O(A) senhor(a) tem *kit* de primeiros socorros?
Ha materiale di pronto soccorso?

O(A) senhor(a) ...
Lei ...

não respeitou a preferência.
non ha rispettato la precedenza.

não deu seta.
non ha messo la freccia.

O(A) senhor(a) ...
Lei ...

estava correndo demais.
andava troppo forte.

passou no sinal vermelho.
è passato col rosso.

Dê-me seu nome e seu endereço.
Mi dia il Suo nome e indirizzo.

Muito obrigado(a) pela ajuda.
Grazie dell'aiuto.

Aluguel de automóvel, motocicleta e bicicleta

Eu gostaria de alugar por dois dias/uma semana ...
Vorrei noleggiare per due giorni/una settimana ...

um automóvel.
una macchina.

um *off-road*.
un fuoristrada.

uma motocicleta.
un motociclo.

uma lambreta/uma *scooter*.
una motoretta/uno scooter.

uma bicicleta motorizada/um ciclomotor.
un motorino.

uma bicicleta.
una bicicletta.

Nas grandes cidades é mais fácil se locomover com um automóvel pequeno e ágil, ou então com uma motocicleta ou *scooter*, pois assim é possível passar pelo meio das imensas filas de carros. Mas tome cuidado, pois, para trocar de faixa, muitos motoristas colocam o braço para fora em vez de usar a seta, e, para virar à direita, às vezes nem sinalizam.

Qual é o preço por dia/semana?
Qual è il forfait giornaliero/settimanale?

Qual é o preço por quilômetro rodado?
Quanto si paga per ogni chilometro percorso?

O veículo tem seguro total?
Il veicolo è assicurato contro tutti i rischi?

É possível devolver o carro em ...?
È possibile riconsegnare la macchina a ...?

cadeira de segurança infantil para automóveis	**il seggiolino auto (per bambini)**
capacete	**il casco**
carteira de motorista	**la patente**
caução	**la cauzione**
chave de ignição	**la chiavetta di accensione**
depositar	**depositare**
documentos	**i documenti**
seguro de veículo	**la carta verde**
seguro parcial	**l'assicurazione *f* parziale per tutti i rischi**
seguro total	**l'assicurazione *f* di totale copertura**
tarifa de fim de semana	**il forfait per il fine settimana**
teto solar	**il tetto apribile**

Avião

Comprando uma passagem aérea

Quando sai o próximo avião para ...?
Quando c'è un aereo per ...?

Ainda há lugares/assentos disponíveis?
Ci sono ancora posti liberi?

Eu queria uma passagem só de ida para ...
Vorrei prenotare un volo di sola andata per ...

Eu queria uma passagem de ida e volta para ...
Vorrei prenotare un volo di andata e ritorno per ...

Quanto custa a passagem na classe econômica/na primeira classe?
Quanto costa un volo per la classe turistica/per la prima classe?

Fumante ou não fumante?
Fumatori o non fumatori?

Por favor, eu gostaria ...
Per favore vorrei ...

de um lugar na janela.
un posto al finestrino.

de um lugar no corredor.
un posto al corridoio.

Gostaria de cancelar essa passagem.
Vorrei annullare questo volo.

Gostaria de trocar a passagem.
Vorrei prendere un altro volo.

No aeroporto

Lembre-se de que na primavera e no outono há muita névoa em Milão e, por isso, os voos muitas vezes atrasam.

Onde fica o balcão da companhia ...?
Dov'è lo sportello della compagnia aerea ...?

Posso ver sua passagem?
Potrei vedere il Suo biglietto?

Posso levar isto como bagagem de mão?
Posso portare appresso il bagaglio a mano?

A bordo

O(A) senhor(a) poderia me trazer um copo de água?
Potrebbe portarmi un bicchiere d'acqua?

O(A) senhor(a) poderia me trazer também um travesseiro/uma manta?
Potrei avere anche un cuscino/una coperta?

O(A) senhor(a) se incomodaria de trocar de lugar comigo?
Le dispiacerebbe se cambiassimo i posti?

Chegada

➢ ver também Achados e perdidos (capítulo Coisas importantes em geral)

Minha bagagem extraviou-se.
Il mio bagaglio è stato smarrito.

Minha mala foi avariada/danificada.
La mia valigia è stata danneggiata.

De onde sai o ônibus para ...?
Da dove parte il bus in direzione ...?

➢ **ver também a lista de palavras do item Trem**

aeromoça	**l'assistente** *f* **di bordo, l'hostess** *f*
aeroporto	**l'aeroporto** *m*
aterrissagem	**l'atterraggio** *m*
aterrissagem forçada, pouso de emergência	**l'atterraggio** *m* **di fortuna**
atraso	**il ritardo**
bagagem	**il bagaglio**
cancelar	**annullare**
cartão de embarque	**la carta d'imbarco**
chegada	**l'arrivo** *m*
colete salva-vidas	**il giubbetto di salvataggio**
comissário de bordo	**lo steward, l'assistente** *m* **di bordo**
companhia aérea	**la compagnia aerea**
conexão	**la coincidenza**
controle de segurança	**il controllo di sicurezza**
decolagem	**il decollo**
despacho de bagagens	**la spedizione bagagli**
entrega de bagagem	**la consegna del bagaglio**
escala	**lo scalo**
escorregador inflável de emergência	**lo scivolo d'emergenza**
fazer *check-in*	**fare il check-in**
free shop	**lo spaccio porto-franco**
furgão	**il vagone bagagli**
horário da chegada	**l'orario** *m* **d'arrivo**
passageiro	**il passeggero**
piloto	**il pilota**
saída de emergência	**l'uscita** *f* **d'emergenza**

sala de espera para passageiros	la sala d'attesa passeggeri
taxa de seguro	la tassa per controlli di sicurezza
taxas de embarque	i diritti aeroportuali
terminal	l'air *m* terminal
transfer do aeroporto	il collegamento pullman con l'aeroporto
trocar a passagem	cambiare il biglietto
voo	il volo
voo doméstico	il volo nazionale
voo internacional	il volo internazionale
voo regular	il volo regolare

Trem

Comprando a passagem

Uma passagem de ida na segunda/primeira classe para ..., por favor.
Per favore, un biglietto di andata, seconda/prima classe per ...

Duas passagens de ida e volta para ..., por favor.
Due biglietti per ..., andata e ritorno, per favore.

Há algum desconto para crianças/estudantes/aposentados?
C'è una riduzione per bambini/studenti/pensionati?

Eu gostaria de reservar um lugar no trem das ... para ..., por favor.
Vorrei prenotare un posto per il treno delle ... per ..., per favore.

Eu queria reservar uma cabine-leito/um lugar no vagão-leito.
Vorrei prenotare una cuccetta/un posto in vagone letto.

Para ..., há um trem-leito que transporta automóveis ...?
C'è un treno-traghetto per ...?

Em ... há alguma conexão para ...?
A ... c'è la coincidenza per ...?

(Onde) Tenho de fazer baldeação?
(Dove) Devo cambiare?

Na estação de trem

Gostaria de despachar esta mala para o compartimento de bagagens.
Vorrei spedire questa valigia come bagaglio appresso.

Onde posso despachar minha bicicleta?
Dove posso consegnare la mia bicicletta per la spedizione?

No mês de junho, os horários dos trens mudam! Portanto, não se fie na tabela de horários: informe-se sobre os horários com um funcionário da estação ferroviária.

De que plataforma sai o trem para ...?
Da quale binario parte il treno per ...?

Quando parte o trem para ...?
Quando parte il treno per ...?

O trem número ..., procedente de ..., chegará com dez minutos de atraso.
Il treno n° ..., proveniente da ..., arriverà con 10 minuti di ritardo.

Instruções e informações

Ai binari	Acesso às plataformas
Arrivi	Chegadas
Deposito bagagli	Depósito de bagagens
Deposito a cassette	Guarda-volumes

Gabinetti	Sanitários
Informazioni	Informações
Orario	Tabela de horários
Partenze	Partidas
Posto di pronto soccorso	Posto médico
Rinfreschi	Bar
Sala d'aspetto	Sala de espera
Signore	Senhoras
Signori	Cavalheiros
Sottopassaggio	Passagem subterrânea
Sportello biglietti	Bilheteria
Toilette	Toalete
Uscita	Saída

No trem

Com licença, este lugar está livre?
Scusi, è libero questo posto?

Posso abrir/fechar a janela, por favor?
Posso aprire/chiudere il finestrino, per favore?

Desculpe, este lugar é meu. Fiz uma reserva de assento.
Scusi, ma questo è il mio posto! È prenotato.

➢ **ver também lista do item Avião**

assento da janela	**il posto al finestrino**
bagagem	**il bagaglio**
balcão de bagagens	**lo sportello accettazione bagagli**
bilheteria	**la biglietteria**
chegar	**arrivare**
compartimento	**lo scompartimento**
compartimento de fumantes	**lo scompartimento per fumatori**

compartimento de não fumantes	**lo scompartimento per non fumatori**
comprovante de reserva de assento	**il biglietto di prenotazione posto**
corredor	**il corridoio**
depósito de bagagens	**il deposito bagagli**
descer	**scendere**
desconto	**la riduzione**
estação ferroviária	**la stazione**
estação ferroviária central	**la stazione centrale**
guarda-volumes automático	**il deposito a cassette**
horário da partida	**l'orario** *m* **di partenza**
inter-rail (passe para residentes na Europa)	**l'interrail** *m*
número do vagão	**il numero del vagone**
parada	**la fermata**
partida	**la partenza**
passagem	**il biglietto**
passagem de ida e volta	**il biglietto di andata e ritorno**
passagem infantil	**il biglietto per ragazzi**
plataforma	**il binario**
preço da passagem	**il prezzo del biglietto**
reserva	**la prenotazione**
sala de espera	**la sala d'aspetto**
subir	**salire**
suplemento	**il supplemento**
tabela de horários	**l'orario** *m*
trem	**il treno**
trem-leito que transporta automóveis	**il treno traghetto**
vagão aberto	**grande vagone**
vagão-restaurante	**il vagone ristorante**
verificação de passagens	**il controllo dei biglietti**

Navio

Nos meses de verão, faça as reservas das balsas para as ilhas com antecedência, senão você poderá correr o risco de ter de esperar alguns dias em terra firme.

Informações

Quando sai o próximo navio/o próximo *ferryboat* para ...?
Quando parte la prossima nave/il prossimo traghetto per ...?

Quanto tempo dura a travessia?
Quanto dura la traversata?

Quando faremos escala em ...?
Quando si fa scalo a ...?

Quanto tempo ficaremos em ...?
Quanto ci fermiamo a ...?

Eu queria uma passagem para ...
Vorrei un biglietto per ...

na primeira classe.
di prima classe.

na classe turística.
di classe turistica.

numa cabine individual.
una cabina singola.

numa cabine dupla.
una cabina doppia.

Eu queria uma passagem para o *tour* das ... horas.
Vorrei un biglietto per il giro delle ...

A bordo

Onde fica a sala de refeições/o salão?
Dov'è la sala da pranzo/il salone?

Não estou me sentindo bem.
Non mi sento bene.

Por favor, chame o médico de bordo!
Per favore, chiami il medico di bordo!

Por favor, dê-me um remédio contra enjoo.
Per favore, mi dia un rimedio contro il mal di mare.

aerodeslizador	**l'hovercraft** *m*
balsa	**l'autotraghetto** *m*
boia salva-vidas	**il salvagente**
bote salva-vidas	**la scialuppa di salvataggio**
cabine	**la cabina**
cais	**la banchina**
capitão	**il capitano**
colete salva-vidas	**il giubbetto di salvataggio**
convés	**la coperta**
costa	**la costa**
cruzeiro	**la crociera**
excursão em terra	**l'escursione** *f* **a terra**
fazer escala em	**far scalo a**
ferryboat	**il traghetto**
ficar mareado/com enjoo	**avere il mal di mare**
hidroplano	**l'aliscafo** *m*
marulho	**il moto ondoso**
navio a vapor	**il piroscafo, la nave a vapore**
passagem	**il biglietto**
passeio, *tour*	**il giro**

porto	**il porto**
reserva	**la prenotazione**
terra firme	**la terraferma**

Meios de transporte urbano

Onde fica ...
Dov'è ...

o ponto de ônibus mais próximo?
la prossima fermata dell'autobus?

o ponto de bonde mais próximo?
la prossima fermata del tram?

a estação de metrô mais próxima?
la prossima stazione della metropolitana?

Qual é a linha que vai para ...?
Qual è la linea che va a ...?

Quando sai o primeiro/último metrô para ...?
Quando parte la prima/l'ultima metropolitana per ...?

É este o ônibus para ...?
È l'autobus giusto per ...?

Quantos pontos são daqui até ...?
Quante fermate sono ...?

Onde tenho de descer/fazer baldeação?
Dove devo scendere/cambiare?

Por favor, avise-me quando tenho de descer.
Mi dice, per favore quando devo scendere.

Uma passagem para ..., por favor.
Un biglietto per ..., per favore.

bilhete múltiplo	**il biglietto a più obliterazioni**
bonde	**il tram**
cremalheira	**la cremagliera**
direção	**la direzione**
máquina automática de venda de passagens	**il distributore automatico di biglietti**
máquina de validação de passagens	**l'obliteratore** *m*
metrô	**la metropolitana**
ônibus	**l'autobus** *m*
ônibus interurbano	**l'autobus** *m* **interurbano**
ônibus urbano	**l'autobus** *m* **urbano**
passagem, bilhete	**il biglietto**
passe de um dia	**il biglietto giornaliero**
passe de uma semana	**l'abbonamento** *m* **settimanale**
ponto	**la fermata**
ponto final	**il capolinea**
preço da passagem/ do bilhete	**il prezzo del biglietto**
revisor, fiscal	**il controllore**
saída, partida	**la partenza**
subir	**salire**
tabela de horários	**l'orario** *m*
terminal de ônibus	**la stazione degli autobus**
trem urbano	**il treno locale**
trólebus	**il filobus**
validar a passagem	**annullare**

Táxi

Onde posso pegar um táxi, por favor?
Dove trovo un tassì?

Para a estação ferroviária, por favor.
Alla stazione, per favore.

Para o hotel ..., por favor.
All'albergo ..., per favore.

Para a rua ..., por favor.
In via ..., per favore.

Para ..., por favor.
A ..., per favore.

Quanto fica a corrida até ...?
Quanto costa andare a ...?

Pare aqui, por favor.
Si fermi qui, per favore.

Isto é para o(a) senhor(a).
Questo è per Lei.

parar	**fermarsi**
número (do imóvel, da casa etc.)	**il numero civico**
preço por quilômetro	**il prezzo per chilometro**
preço fechado, preço fixo	**il prezzo forfettario**
recibo	**la ricevuta**
taxista	**il tassista**
ponto de táxi	**il posteggio di taxi**
gorjeta	**la mancia**

Viajando com crianças

Viajar com crianças pequenas e grandes, na Itália, não é problema. Ainda que em vários lugares não haja estrutura apropriada, como fraldários ou aquecedores de mamadeiras (nas áreas de descanso das estradas, sempre há um forno de micro-ondas!), as crianças são bem-aceitas em todos os lugares e, em geral, podem ficar bem à vontade.
Para se divertir com as crianças na praia, o melhor é escolher uma das inúmeras praias privadas, uma vez que estas são bem limpas. Nas praias, há sempre assistência e diversão para as crianças.

Utilidades aqui e lá

Aqui há algum parquinho/parque infantil/*playground*?
C'è un parco giochi qui?

Aqui há serviço de *baby-sitter*?
C'è un servizio baby-sitter qui?

A partir de que idade?
A partire da quale età?

O(A) senhor(a) conhece alguém que possa trabalhar de *baby-sitter*?
Conosce qualcuno che potrebbe farci da baby-sitter?

O(A) senhor(a) tem babá eletrônica?
Ha un babyfon?

Há atrações para crianças?
Ci sono degli spettacoli per bambini?

Há desconto para as crianças?
Ci sono delle riduzioni per bambini?

Onde fica a loja de brinquedos mais próxima?
Dov'è il prossimo negozio di giocattoli?

Onde posso comprar fraldas?
Dove vendono i pannolini?

A caminho

Estamos viajando com crianças. Poderíamos nos sentar numa das filas da frente?
Viaggiamo con bambini. Potremmo avere un posto nelle prime file?

O(A) senhor(a) tem cinto de segurança para crianças?
Ha una cintura di sicurezza per bambini?

O(A) senhor(a) por acaso teria lápis de cor e papel/uma revista para colorir?
Ha per caso matite e fogli di carta/un libro da colorare?

O(A) senhor(a) aluga cadeiras de segurança para crianças?
Noleggia dei seggiolini auto (per bambini)?

Na Itália, dificilmente se vê uma criança andando de bicicleta com capacete. Em contrapartida, muito frequentemente se veem crianças transportadas de pé em lambretas e vespas. Talvez você possa dar uma volta numa vespa alugada e levá-las a um parque ou até a rua de acesso às praias privadas, de preferência na hora do almoço ou à tarde, quando os motoristas de automóveis estão fazendo a sesta.

No restaurante

O(A) senhor(a) poderia nos trazer um cadeirão, por favor?
Potrebbe portarci un seggiolone?

Tem porções para crianças?
Avete anche porzioni per bambini?

O(A) senhor(a) poderia, por favor, aquecer a mamadeira?
Potrebbe riscaldarmi il biberon, per favore?

Tem trocador aqui?
C'è un fasciatoio qui?

Onde posso amamentar o bebê?
Dove posso allattare?

alimento para bebês	**l'alimentazione *f* infantile**
aquecedor de mamadeira	**lo scaldabiberon**
assento de elevação, *booster*	**il sedile auto per bambini**
assento para transporte de crianças na bicicleta	**il seggiolino per la bicicletta**
babá eletrônica	**il babyfon**
baby-sitter	**il/la baby-sitter**
bebê conforto	**il seggiolino auto per bebè**
berçário	**l'assistenza *f* ai bambini**
berço	**il lettino (per bambini)**
bico de mamadeira	**la tettarella**
boia	**il salvagente**
boias de braço	**i bracciali salvagente**
boné	**il berretto con visiera**
brinquedos	**i giocattoli**
cadeira de segurança infantil para automóvel	**il seggiolino auto**

castelo de areia	**il castello di sabbia**
chupeta	**il succhietto, il ciuccio, la tettarella**
curso de natação	**il corso da nuoto**
desconto para crianças	**la riduzione per bambini**
fraldas	**i pannolini**
garrafa, cantil	**la bottiglia**
mamadeira	**il biberon**
menina	**la femmina**
menino	**il maschio**
oficinas para crianças	**il mini-club**
parceiro de brincadeiras	**il compagno di giochi**
parque de diversões	**il parco dei divertimenti**
parque infantil/parquinho/ *playground*	**il parco giochi**
piscina infantil	**la piscina/vasca per bambini**
protetor solar	**la protezione solare**
revista para colorir	**il libro da colorare**
roupa infantil	**l'abbigliamento** *m* **per bambini**
tanque de areia	**il recinto con la sabbia**
trocador	**il fasciatoio**

Saúde

➢ **ver também o capítulo Saúde**

Há algum pediatra aqui?
C'è un pediatra qui?

Meu filho/Minha filha tem/está com ...
Mio(a) figlio(a) ha ...

É alérgico(a) a ...
È allergico(a) a ...

Foi picado(a).
È stato(a) punto(a).

alergia	**l'allergia** *f*
alimento funcional	**l'alimento** *m* **curativo**
caderneta de vacinação	**il libretto di vaccinazione**
catapora	**la varicella**
caxumba	**gli orecchioni**
doença infantil	**la malattia infantile**
erupção cutânea	**l'eruzione** *f* **cutanea, l'esantema** *m*
escarlatina	**la scarlattina**
febre	**la febbre**
hospital infantil/pediátrico	**l'ospedale** *m* **pediatrico**
micose	**la micosi**
rubéola	**la rosolia**
sarampo	**il morbillo**

PORTADORES DE NECESSIDADES ESPECIAIS

Para os portadores de necessidades especiais, vale a mesma dica que se dá aos não portadores: quanto mais planejada for uma viagem, mais relaxante será. No norte da Itália, há muitas associações de portadores de necessidades especiais, que poderão ajudá-lo nos preparativos de sua viagem.

Sou ...
Sono ...

deficiente (físico), portador de necessidades especiais.
handicappato (fisico), disabile.

deficiente visual.
ipovedente.

Não consigo andar.
Sono non deambulante.

Tenho esclerose múltipla.
Soffro di sclerosi multipla.

A caminho

Posso levar minha própria cadeira de rodas dobrável no avião?
Posso portare in aereo la mia propria carrozzella pieghevole?

Haverá uma cadeira de rodas à disposição no aeroporto da saída/chegada?
Ci sono carrozzelle disponibili all'aeroporto di partenza/destinazione?

Quero um assento no corredor.
Vorrei un posto al corridoio.

Há um sanitário/banheiro para deficientes?
C'è una toilette per handicappati?

Há lavabo para deficientes?
C'è un lavatoio per handicappati?

Somente nas grandes cidades há ônibus com piso rebaixado. Várias cidades possuem, em certos itinerários, um serviço especial de transporte para usuários de cadeira de rodas. Os pontos de ônibus onde esse tipo de serviço está disponível são sinalizados com o símbolo internacional de portadores de necessidades especiais. Cerca de 150 estações ferroviárias da Itália oferecem serviço de assistência a portadores de necessidades especiais. As pessoas podem recorrer a esse serviço 24 horas por dia. É possível obter ajuda para a compra da passagem (os assentos de portadores de necessidades especiais podem ser reservados). Também se pode requisitar um acompanhante para auxiliar no acesso às plataformas. As estações dispõem de cadeira de rodas para o transporte de pessoas com dificuldade de locomoção e oferecem auxílio para que possam subir nos trens e descer deles.

O acesso aos vagões é no nível do chão?
L'entrata nella vettura è a livello del suolo?

Há rampas que permitam o acesso de cadeirantes às plataformas?
Ci sono delle rampe sulle quali una persona in carrozzella può accedere ai binari?

Será que alguém poderia me ajudar na baldeação?
Mi potrebbe aiutare qualcuno a cambiare?

Vocês alugam carros com acelerador manual para deficientes físicos?
Ci sono delle automobili a noleggio per handicappati fisici con acceleratore a mano?

Hospedagem

Quais hotéis e *campings* são adaptados/dispõem de estrutura para deficientes?
Quali alberghi e campeggi dispongono di appositi impianti per handicappati?

Museus, monumentos, teatro...

A exposição dispõe de acesso por elevador, para deficientes físicos?
I non deambulanti possono accedere alla mostra con ascensori?

As entradas não têm degraus?
Le entrate sono senza gradini?

Há visitas guiadas/*city tours* especiais para deficientes auditivos (surdos)?
Esistono visite guidate/giri turistici della città appositamente concipiti per non udenti (sordi)?

Há visitas guiadas aos museus/apresentações teatrais para surdos-mudos/cegos?
Ci sono visite guidate nei musei/rappresentazioni per sordomuti/ciechi?

acelerador manual	**l'acceleratore** *m* **a mano**
acessibilidade	**l'accessibilità** *f*
aclive, ladeira	**la salita**
acompanhante	**l'accompagnatore** *m*
adaptado para cadeirantes	**adatto/idoneo per carrozzelle**
adaptado para deficientes	**idoneo per/a misura degli handicappati**
altura	**l'altezza** *f*
ambulatório, hospital-dia	**il day hospital**
apoio	**il sostegno**

associação de deficientes	**l'associazione** *f* **handicappati/ svantaggiati**
banheiro/sanitário para deficientes	**il bagno/la toilette per handicappati**
bengala branca (bengala de cegos)	**il bastone per ciechi**
bicicleta para deficientes	**la bicicletta per disabili**
cadeira de rodas	**la carrozzella, sedia a rotelle**
cadeira de rodas com propulsão por alavanca	**la carrozzella con trazione a leva**
cadeira de rodas dobrável	**la carrozzella pieghevole**
cadeira de rodas elétrica	**la carrozzella elettrica**
cadeira de rodas motorizada	**la carrozzella a batteria**
cadeirante	**la persona in carrozzella**
cão-guia	**il cane guida per ciechi**
carrinho	**il carrello**
cartão de deficiente	**il tesserino di riconoscimento per portatori di handicap**
cego(a)	**cieco(a)**
corrimão	**il corrimano, il mancorrente**
deficiente auditivo	**sordastro**
deficiência física	**l'handicap** *m* **fisico, la menomazione fisica**
deficiente físico	**non deambulante**
deficiente mental	**il minorato mentalmente, handicappato psichico**
deficiente visual	**menomato nella vista**
degrau	**il gradino**
elevador	**l'elevatore** *m*
epilepsia	**l'epilessia** *f*
escada, escadaria	**lo scalino**

fone de ouvido	**la cuffia**
instalações sanitárias	**i servizi igienici**
largura	**la larghezza**
língua de sinais	**il linguaggio mimico/a segni**
manopla de volante	**la manopola sul volante**
mudo	**muto**
muleta	**la gruccia, la stampella**
no nível do chão	**a livello del suolo**
paraplégico	**paraplegico**
passeios em cadeira de rodas	**l'escursioni** *f pl* **in carrozzella**
percurso próprio para cadeira de rodas	**l'itinerario** *m*/**il percorso per carrozzelle**
pessoa com mobilidade reduzida	**il/la menomato(a) nella mobilità**
plataforma elevatória	**il banco elevatore**
porta automática	**la porta automatica**
portador(a) de deficiência severa	**gravemente handicappata(o)**
porteiro eletrônico	**l'apriporta** *m* **automatico**
próteses ortopédicas	**i presidi ortopedici**
puxador	**la maniglia**
que necessita de cuidados	**bisognoso di cure**
rampa	**la rampa**
sem obstáculos/barreiras	**senza barriere architettoniche**
serviço de assistência	**il servizio assistenza**
serviço de assistência social	**il servizio assistenza sociale**
serviço de transporte	**il servizio di trasporto**
surdo, deficiente auditivo	**sordo, non udente**
surdo-mudo	**sordomuto**
transitável	**viabile**
vaga de estacionamento para deficientes	**il posteggio per handicappati**

Os hotéis de uma ou duas estrelas são muito simples, os de três ou quatro são de categoria intermediária, com banheiro nos quartos. Geralmente as camas dos hotéis são macias demais, mas é possível solicitar que se coloque uma espécie de prancha sob o colchão, para deixá-la um pouco mais dura. Nos hotéis que servem café da manhã, este em geral é composto de pãozinho com manteiga, geleia e uma xícara de café ou chá. Faça como os italianos e tome café em um *café*!

Pedindo informações

Por favor, a senhora/a senhorita/o senhor poderia me indicar ...
Scusi signora/signorina/signore, potrebbe consigliarmi ...

um bom hotel?
un buon albergo?

um hotel não muito caro?
un albergo non troppo caro?

uma pensão?
una pensione?

um quarto particular?
una camera privata?

Fica no centro/em local tranquilo/perto da praia?
Si trova in centro/in una posizione tranquilla/vicino al mare?

Há algum *camping*/algum albergue da juventude aqui?
C'è un camping/un ostello della gioventù qui?

Hotel – pensão – quarto particular

Na recepção

Fiz reserva de um quarto. Meu nome é ...
Ho prenotato una camera. Il mio nome è ...

Há quartos disponíveis ...
Ha camere libere ...

... para uma noite?
... per una notte?

... para dois dias?
... per due giorni.

... para uma semana?
... per una settimana.

Não, infelizmente está tudo ocupado.
No, purtroppo è tutto esaurito.

Sim. Que tipo de quarto o(a) senhor(a) deseja?
Sì, che tipo di camera desidera?

um quarto individual
una singola

um *double*/um quarto de casal
una doppia

um quarto sossegado
una camera tranquilla

com chuveiro
con doccia

com banheiro
con bagno

com varanda/com terraço
con balcone/con terrazza

com vista para o mar
con vista sul mare

que dê para o pátio
che dà sul cortile

Posso ver o quarto?
Posso vedere la camera?

Não gostei desse quarto. Por favor, mostre-me outro.
Questa camera non mi piace. Me ne mostri, per favore, un'altra.

Vou ficar com este quarto.
Prendo questa camera.

É possível colocar uma cama extra/um berço no quarto?
Si può aggiungere un altro letto/un lettino (per bambini)?

Minha cama é macia demais. É possível trocá-la/trocar o colchão/colocar uma prancha sob o colchão?
Il mio letto è troppo morbido, potrei averne un altro/avere un altro materasso/una tavola?

Quanto é o preço do quarto …
Quanto costa la camera …

com café da manhã?
con la prima colazione?

com meia pensão?
a mezza pensione?

com pensão completa?
a pensione completa?

Por favor, preencha o formulário de registro.
Vuole riempire, per favore, il modulo d'accettazione?

Seu passaporte/Sua carteira de identidade, por favor.
Il Suo passaporto/La Sua carta d'identità, per favore.

Por favor, mande levar a bagagem para o quarto.
Faccia portare il mio bagaglio in camera, per piacere.

Onde posso estacionar o carro?
Dove posso lasciare la macchina?

Em nossa garagem./Em nosso estacionamento.
Nel nostro garage/parcheggio.

Perguntas e pedidos

➢ **ver também Café da manhã (Cardápio, no capítulo Gastronomia)**

A partir de que hora é servido o café da manhã?
Da che ora si può fare colazione?

Qual é o horário das refeições?
Quali sono gli orari per i pasti?

Onde fica a sala de refeições?
Dov'è la sala da pranzo?

Por favor, acorde-me amanhã de manhã às ...
Mi svegli domattina alle ..., per favore.

Por favor, o(a) senhor(a) poderia trazer-me ...
Potrebbe portarmi, per favore, ...

mais uma toalha?
un altro asciugamano?

um sabonete?
un pezzo di sapone?

alguns cabides?
delle grucce per i panni?

Como funciona ...?
Come funziona ...?

Minha chave, por favor.
Per favore, la mia chiave.

Há correspondência para mim?
C'è posta per me?

Onde posso ...
Dove posso ...

postar esta carta?
imbucare questa lettera?

alugar ...?
noleggiare ...?

telefonar?
telefonare?

Posso guardar meus objetos de valor em seu cofre?
Posso lasciare i miei valori in deposito nella Vostra cassaforte?

Posso deixar minhas coisas aqui até eu voltar?
Posso lasciare qui le mie cose fino al mio ritorno?

Reclamando

O quarto não está limpo.
La camera non è pulita.

... não está funcionando.
... non funziona.

A torneira está vazando.
Il rubinetto perde.

Não tem água (quente).
Non c'è acqua (calda).

A privada/A pia está entupida.
Il gabinetto/Il lavandino è intasato.

Eu gostaria de trocar de quarto.
Vorrei un'altra camera.

Check-out/Saída

Partirei esta noite/amanhã às ...
Parto stasera/domani alle ...

A que horas tenho de desocupar o quarto?
Per quando devo liberare la stanza?

Feche minha conta, por favor.
Mi prepari il conto, per favore.

Por favor, chame um táxi para mim!
Mi chiami un tassì, per favore.

Obrigado(a) por tudo! Até logo!
Grazie di tutto. Arrivederci!

adaptador	**la spina di adattamento**
água	**l'acqua** *f*
água fria	**l'acqua** *f* **fredda**
água quente	**l'acqua** *f* **calda**
almoço	**il pranzo, il desinare**
alta temporada	**l'alta stagione** *f*
andar	**il piano**
aquecimento	**il riscaldamento**
ar-condicionado	**l'aria** *f* **condizionata**
armário	**l'armadio** *m*
baixa temporada	**la bassa stagione**
banheira	**la vasca da bagno**
banheiro	**il bagno, il gabinetto**
bufê de café da manhã	**il buffet della colazione**
cabide	**la gruccia (per i panni)**

cadeira	**la sedia**
café da manhã	**la colazione**
cama	**il letto**
camareira	**la cameriera**
chave	**la chiave**
chuveiro	**la doccia**
cinzeiro	**il portacenere**
cobertor	**la coperta**
cobertor de lã	**la coperta di lana**
código da porta do quarto	**il codice per la porta della camera**
cofre	**la cassaforte**
colcha	**la coperta**
colchão	**il materasso**
copo para água	**il bicchiere da acqua**
criado-mudo, mesa de cabeceira	**il comodino**
elevador	**l'ascensore** *m*
espelho	**lo specchio**
estacionamento	**il parcheggio**
frigobar	**il minibar**
garagem	**il garage**
interruptor	**l'interruttore** *m*
janela	**la finestra**
jantar	**la cena**
lâmpada	**la lampada**
lâmpada de cabeceira	**la lampada del comodino**
limpar	**pulire**
luz	**la luce**
meia pensão	**la mezzapensione**
motel	**il motel**
papel higiênico	**la carta igienica**
pensão	**la pensione**

pensão completa	**la pensione completa**
pernoite	**il pernottamento**
pia	**il lavandino**
plugue	**la spina**
porteiro	**il portiere**
quarto	**la camera**
rádio	**la radio**
recepção	**la reception**
registro	**l'accettazione** *f*
reserva	**la prenotazione**
roupa de cama	**la biancheria da letto**
sacada, varanda	**il balcone**
saguão	**la hall**
sala de café da manhã	**la sala per la colazione**
sala de estar	**il soggiorno**
sala de refeições	**la sala da pranzo**
sala de TV	**la stanza della televisione**
semana extra	**la settimana supplementare**
serviço de traslado	**il servizio pullman**
telefone do quarto	**telefono in camera**
televisor	**il televisore**
terraço	**la terrazza**
toalha	**l'asciugamano** *m*
tomada	**la presa**
torneira	**il rubinetto**
travesseiro	**il cuscino**
troca da roupa de cama	**il cambio biancheria**
ventilador	**il ventilatore**

Casas e apartamentos de veraneio

Procure saber se os apartamentos podem ser alugados por semana ou somente por mês, e se a roupa de cama e banho e os utensílios de cozinha estão incluídos.

A energia elétrica/A água está incluída no valor do aluguel?
La luce/L'acqua è compresa nel prezzo d'affitto?

Tem talheres/toalhas/roupa de cama?
Ci sono le posate/gli asciugamani?/C'è la biancheria?

É permitido levar animais domésticos?
Si possono portare animali?

Onde ficam as lixeiras?
Dov'è il bidone delle immondizie?

A limpeza final é por nossa conta?
Spetta a noi il lavoro di pulizia finale?

Na Itália, muitas fazendas recebem hóspedes. São as chamadas *aziende agrituristiche* [fazendas agroturísticas]. A maioria delas está localizada na Toscana, Úmbria, sul do Tirol e Puglia. Na Sicília também se podem encontrar fazendas localizadas em regiões pitorescas. Muitas delas têm o sistema de produção orgânica e vendem seus produtos diretamente ao consumidor *(agrispaccio)*.

➢ **ver também o item Hotel – pensão – quarto particular**

alugar	**affittare, noleggiare**
aluguel	**l'affitto** *m*, **il noleggio**
animais domésticos	**gli animali domestici**
apartamento	**l'appartamento** *m*

aquecimento/calefação central	**il riscaldamento centrale**
bangalô	**il bungalow**
beliche	**il letto** *m* **a castello**
cafeteira elétrica	**la macchina del caffè tedesca/ americana**
canto de cozinha	**il cucinino, il cucinotto**
casa de veraneio	**la casa per le vacanze**
consumo de água	**il consumo d'acqua**
preço total para a eletricidade	**il prezzo forfettario per la corrente**
despesas adicionais	**le spese accessorie**
dia da chegada	**il giorno d'arrivo**
eletricidade	**la corrente**
entrega das chaves	**la consegna delle chiavi**
fogão	**la cucina**
fogão a gás	**la cucina a gas**
fogão elétrico	**la cucina elettrica**
(forno de) micro-ondas	**il microonda**
geladeira	**il frigorifero**
lava-louças, máquina de lavar louça	**la lavastoviglie**
limpeza final (para entrega do imóvel)	**la pulizia finale**
lixo	**l'immondizia** *f*
louça	**le stoviglie, i piatti**
máquina (doméstica) de café expresso	**la macchinetta per il caffè, moka**
máquina de lavar roupa	**la lavatrice**
pano de prato	**il canovaccio per asciugare i piatti**
propriedade rural	**la fattoria**
fazenda de agroturismo	**l'azienda** *f* **agrituristica**

fazenda que vende produtos orgânicos diretamente ao consumidor	**l'agrispaccio** *m*
turismo rural, agroturismo	**l'agriturismo** *m*
proprietário da casa	**il padrone di casa**
quarto de dormir	**la camera da letto**
quitinete	**lo studio**
resort	**il centro vacanze**
sala de estar	**il soggiorno**
sofá-cama	**il divano letto**
torradeira	**il tostapane**
voltagem	**il voltaggio**

Camping

Os *campings* normalmente são bem estruturados e, em geral, estão localizados em lugares mais aprazíveis do que os hotéis de luxo.

Há algum *camping* aqui perto?
C'è un camping nelle vicinanze?

Ainda tem lugar para um *trailer*/uma barraca?
C'è ancora posto per una roulotte/una tenda?

Quanto custa por dia e por pessoa?
Quanto si paga al giorno a persona?

Qual é o preço para …
Quanto si paga per …

um carro?
l'auto?

um *trailer*?
la roulotte?

um *motor-home*?
il camper?

uma barraca?
la tenda?

Vocês alugam *trailers*?
Si possono affittare roulottes?

Vamos ficar … dias/semanas.
Rimaniamo … giorni/settimane.

Onde são …
Dove sono …

os banheiros?
i servizi igienici?

os lavatórios?
i lavandini?

os chuveiros?
le docce?

Tem tomada elétrica?
C'è una presa di corrente?

Onde posso trocar os bujões de gás?
Dove posso cambiare le bombole di gas?

Tem vigia no *camping* durante a noite?
Il campeggio è sorvegliato la notte?

acampar	**campeggiare**
água potável	**l'acqua *f* potabile**
água	**l'acqua *f***
aviso com antecedência	**il preavviso**
barraca	**la tenda**

bujão de gás	**la bombola di gas**
camping	**il camping, il campeggio**
carteirinha de campista	**la tessera di campeggio**
cartucho de gás	**la cartuccia del gas**
energia elétrica	**la corrente**
estaca (da barraca)	**il picchetto**
fogareiro	**il fornello**
fogareiro a gás	**il fornello a gas**
galão	**la tanica, la latta**
propano	**il propano**
guia de *campings*	**la guida dei campeggi**
lampião a querosene	**la lampada a petrolio**
lavatório	**lo stanzino da bagno**
motor-home	**il camper**
pia de cozinha	**il lavandino per i piatti**
plugue	**la spina**
secadora de roupas	**l'asciugatrice** *f*
tirante	**il laccio da tenda**
tomada	**la presa**
tomada elétrica	**la presa di corrente**
trailer	**la roulotte**
varal	**lo stendibiancheria**
vareta	**il palo da tenda**

Na Itália, há cerca de 50 albergues da juventude. Muitos deles estão instalados em fortalezas da Idade Média ou em *villas* (mansões tradicionais).

Maiores informações podem ser encontradas na Internet, no site www.ostellionline.org (Ostelli per la Gioventù – Associazione Italiana Alberghi per la Gioventù).

Na Itália, há uma enorme variedade de locais onde se pode ir comer:
osteria – espécie de bar ou taberna em que se bebem vinhos produzidos na região e em que, dependendo do lugar, é possível comer algo.
trattoria – local onde são servidos pratos caseiros, em geral a preços razoáveis. Comumente, trata-se de um negócio familiar. Nas grandes cidades, porém, a designação *trattoria* está ligada a um lugar caro, em que se come muito bem. O melhor a fazer é informar-se sobre as *trattorias* com alguém da região.
ristorante – restaurante com um cardápio extenso. Uma refeição completa se constitui de um prato de massa, de arroz ou uma sopa (*primo*), seguido de um prato de carne ou peixe (*secondo*) e, por fim, uma sobremesa, que pode ser uma fruta, queijo ou doce.
Se você quiser comer apenas um prato de espaguete ou um *secondo*, recomendamos os seguintes estabelecimentos:
tavola calda – restaurante com sistema *self-service* com pratos quentes. Nesse estabelecimento, cobra-se o *coperto* (*couvert*) à parte, como nos *ristoranti*.
bar – espécie de cafeteria, onde a qualquer hora os italianos tomam seu *espresso*, *macchiato* [café com leite], *cappuccino* ou aperitivo, e comem algo sentados junto ao balcão ou nas mesas.
Alguns deles oferecem a *tavola calda* na hora do almoço.
Geralmente se providencia primeiro a ficha no caixa (*scontrino*) e, então, pega-se a bebida no balcão. A lista de preços (*listino prezzi*) só vale para quem se senta no balcão.
Esses estabelecimentos são também pontos de encontro. Aqui as pessoas se encontram casualmente, conversam, assistem à televisão, jogam cartas, futebol de botão, bilhar ou videogame. Para muitos italianos, são quase uma extensão de casa.
paninoteca – espécie de sanduicheria, em que se podem comer lanches quentes ou frios. É um tipo de lugar frequentado principalmente por jovens.

Saindo para comer

Por favor, o(a) senhor(a) poderia me indicar ...
Scusi, mi potrebbe indicare ...

um bom restaurante?
un buon ristorante?

um restaurante não muito caro?
un ristorante a buon mercato?

um restaurante do tipo *self-service*/uma rotisseria?
una tavola calda/rosticceria?

Onde se pode comer, aqui pòr perto, sem gastar muito?
Dove si può andare a mangiare qui nelle vicinanze per non spendere molto?

No restaurante

Por favor, o(a) senhor(a) poderia reservar uma mesa para quatro pessoas esta noite?
Per favore, può riservarci per stasera un tavolo per quattro persone?

Esta mesa/Este lugar está livre?
È libero questo tavolo/posto?

Uma mesa para duas/três pessoas, por favor.
Per favore, un tavolo per due/tre persone.

Por favor, onde fica a toalete/o banheiro?
Mi può dire dov'è la toilette, per favore?

Posso fumar?
Posso fumare?

Fazendo o pedido

Garçom,
Cameriere,

o cardápio, por favor.
il menu, per favore.

a carta de bebidas, por favor.
la lista delle bevande, per favore.

O que o(a) senhor(a) recomenda?
Che cosa mi consiglia?

Vocês têm comida vegetariana/alimentos dietéticos?
Avete pietanze vegetariane/cibo dietetico?

Vocês também fazem porções para crianças?
Fate anche porzioni per i bambini?

Já escolheram?
Ha già scelto?

Vou querer …
Prendo …

De entrada/prato principal/sobremesa vou querer …
Per antipasto/secondo/dessert prendo …

Não vou querer entrada, obrigado(a).
L'antipasto non lo prendo, grazie.

Infelizmente o/a … acabou.
Purtroppo il/la … è finito.

Este prato só é servido mediante encomenda prévia.
Questa pietanza la serviamo solo su ordinazione.

Posso trocar … por …?
Al posto di … protrei avere …?

... me faz mal. Será que o prato pode ser preparado sem ...?
Non sopporto ... Potrebbe preparare la pietanza senza ...?

Como o(a) senhor(a) quer a carne?
Come vuole la carne?

bem passada
ben cotta

ao ponto
non troppo cotta

malpassada
all' inglese/al sangue

O que o(a) senhor(a) gostaria de beber?
Che cosa desidera da bere?

Um copo de ..., por favor.
Per favore, un bicchiere di ...

Uma garrafa/Meia garrafa de ..., por favor.
Per favore, una (mezza) bottiglia di ...

Com gelo, por favor.
Con ghiaccio, per favore.

Bom apetite!
Buon appetito!

Saúde!
Salute!

Deseja mais alguma coisa?
Desidera altro?

Traga-nos ..., por favor.
Ci porti, per favore ...

O(A) senhor(a) pode nos trazer mais um pouco de pão/água/vinho, por favor?
Ci può portare un altro po' di pane/d'acqua/di vino, per favore?

Reclamando

Está faltando ...
Manca ...

O(A) senhor(a) esqueceu meu/minha ...?
Ha dimenticato il mio/la mia ...?

Não foi isto que pedi.
Non ho ordinato questo.

A sopa está fria/muito salgada.
La minestra è fredda/troppo salata.

A carne está dura/muito gordurosa.
La carne è dura/troppo grassa.

O peixe não está fresco.
Il pesce non è fresco.

Leve de volta, por favor.
Lo porti indietro, per favore.

Chame o gerente/o proprietário, por favor.
Mi chiami per favore il direttore/il proprietario!

A conta

A conta, por favor!
Il conto, per favore.

Tudo junto, por favor.
Tutto insieme.

Contas separadas, por favor.
Conti separati, per favore.

O serviço está incluído?
È compreso il servizio?

Parece que a conta não está certa.
Il conto non mi pare esatto.

Não comi isto. Comi ...
Non ho mangiato questo. Ho mangiato ...

A comida estava boa?
Era di Suo gradimento?

A comida estava excelente.
Il mangiare era eccellente.

Isto é para o(a) senhor(a).
Questo è per Lei.

Está certo. *(= Pode ficar com o troco.)*
Il resto è per Lei.

Sorveteria

➢ **ver também Cardápio: Sobremesas e frutas, e Sorvetes, raspadinhas e *frappés***

Quero uma/duas bolas de sorvete.
Vorrei una pallina/due palline di gelato.

Uma de chocolate e uma de creme.
Una al cioccolato e una alla crema.

Quero um sorvete de dois euros.
Vorrei un gelato da due euro.

Na casquinha ou no copinho?
Nel cono o nel bicchierino?

Há relatos de que na Itália se produzem sorvetes desde o século XVII. Em todas as grandes cidades italianas, de Milão a Palermo, há sorveterias tradicionais muito antigas. Toda boa sorveteria tem sua *produzione propria, produzione artigiana* [produção própria, produção artesanal]. No preparo dos *milk-shakes*, os ingredientes utilizados são ovos, açúcar e leite; no dos sorvetes de frutas, polpa de fruta, clara de ovo e açúcar.
Uma boa sorveteria italiana tem de quinze a vinte sabores de sorvetes, algumas até mais. Toda sorveteria tem um sorvete que é a sua especialidade e que às vezes se torna o sorvete da moda no país, como, há alguns anos, o *gelato puffo* [uma referência a personagens de história em quadrinhos, os *smurfs*, chamados de Puffi na Itália], que tinha sabor de menta e coloração azul. Os sabores *bacio* e *gianduia* são inspirados em bombons italianos. Nos últimos anos, também é possível encontrar nas sorveterias sabores "saudáveis", como os de iogurte, soja ou de germe de soja.
Além dos sorvetes propriamente ditos, há também doces preparados com sorvete (*semifreddo*). Eles podem aparecer na vitrine da sorveteria sob a forma de tortas geladas, como a *cassata* (feita de chocolate, creme de leite e frutas cristalizadas, servida em pedaços triangulares) ou o *zuccotto* (feito de creme de leite, chocolate, cerejas ao marasquino e biscoitos umedecidos em licor, servido em pedaços redondos), ou, ainda, sob a forma de doces que geralmente comemos como sobremesa, como a *zuppa inglese* (espécie de pavê) ou o *tiramisu*.

Um sorvete misto com chantili.
Un gelato misto con panna.

Uma taça ..., mas sem chantili, por favor.
Una coppa ..., ma senza panna, per favore.

➢ **ver também lista de palavras do item Produtos alimentícios (capítulo Compras)**

açúcar	**lo zucchero**
adoçante	**l'edulcorante** *m*, **(la sostanza) dolcificante**
água	**l'acqua** *f*
almoço	**il pranzo, il desinare**
antepasto	**l'antipasto** *m*
bebida	**la bevanda**
bufê de saladas	**il buffet delle insalate**
café da manhã	**la prima colazione**
canudo, canudinho	**la cannuccia**
cardápio	**la lista delle vivande, il menu**
caseiro	**fatto in casa**
catchup	**il ketchup**
cinzeiro	**il portacenere**
colher	**il cucchiaio**
colher de chá	**il cucchiaino**
comida dietética	**il cibo dietetico**
condimentos, especiarias	**le spezie**
copo	**il bicchiere**
copo para água	**il bicchiere da acqua**
taça para vinho	**il bicchiere da vino**
cozinheiro	**il cuoco**
de barril	**alla spina**
diabético	**diabetico**
duro	**duro**
entrada, primeiro prato	**il primo**
especialidade	**la specialità**
espinha (de peixe)	**la spina, la lisca**
estar com fome	**aver fame**
faca	**il coltello**

fatia	**la fetta**
garçom/garçonete	**il cameriere/la cameriera**
garfo	**la forchetta**
gorjeta	**la mancia**
grelha	**la griglia, la graticola**
guardanapo	**il tovagliolo**
iguaria	**la pietanza**
jantar	**la cena**
jarra, jarro	**la caraffa**
maionese	**la maionese**
mancha	**la macchia**
meia porção	**la mezza porzione**
menu do dia	**il menu del giorno**
molho	**la salsa**
molho para salada	**la salsa per condire l'insalata**
mostarda	**la senape**
óleo	**l'olio** *m*
osso	**l'osso** *m*
palito de dente	**lo stuzzicadenti**
pedido	**l'ordinazione** *f*
pimenta	**il pepe**
pimenteiro	**la peparola, la pepaiola**
porção	**la porzione**
prato	**il piatto**
prato *(a comida)*	**la portata**
prato do dia	**il piatto del giorno**
prato fundo	**il piatto fondo, la scodella**
prato principal	**il secondo**
quente	**caldo, bollente**
saca-rolhas	**il cavatappi**
sal	**il sale**
saleiro	**lo spargisale, la saliera**

salteado	**la pietanza al tegame**
sem álcool	**analcolico**
serviço de mesa	**il coperto**
sobremesa	**il dessert, il dolce**
sopa	**la minestra**
suave *(vinho)*	**amabile**
talheres	**le posate**
temperar	**condire, drogare**
toalha de mesa	**la tovaglia**
travessa	**la terrina, l'insalatiera** *f*
vegetariano	**vegetariano**
vinagre	**l'aceto** *m*
vinho seco	**il vino secco**
xícara	**la tazza**
pires	**il piattino**

Preparo

assado	**arrostito**
no espeto	**allo spiedo**
no forno	**nel forno**
na grelha	**alla griglia**
bem passado	**ben cotto**
cozido	**bollito, cotto**
cozido na panela	**brasato**
cozido a vapor	**cotto a vapore**
defumado	**affumicato**
estufado	**stufato**
frito	**fritto**
gratinar	**passare al forno, gratinare**
recheado	**ripieno**
torrado	**tostato**

azedo	**agro**
cozido	**cotto**
cru	**crudo**
doce	**dolce**
duro	**duro**
magro	**magro**
picante	**piccante**
suculento	**succoso**
tenro, macio	**tenero, morbido**

Menu — Cardápio

Colazione	Café da manhã
caffè senza latte	café puro
caffellatte	café com leite
caffè decaffeinizzato	café descafeinado
tè al latte/al limone	chá com leite/com limão
tisana	infusão, chá de ervas
cioccolata	chocolate
succo di frutta/spremuta	suco de fruta
uovo à la coque	ovo quente
uova strapazzate	ovos mexidos
uova con lo speck	ovos com *bacon*
pane	pão
panino	pãozinho
pane tostato	torrada
cornetto	*croissant*
burro	manteiga
formaggio	queijo
biscotti	bolachas, biscoitos

prosciutto	presunto
miele	mel
marmellata	geleia
müesli	*müsli*
iogurt	iogurte
frutta	fruta

Antipasti	Antepastos
antipasto caldo di mare	prato de frutos do mar servido quente
antipasto misto di terra/ di mare	entrada composta de vários itens (exceto carne)/entrada composta de vários frutos do mar
bresaola, rucola e parmigiano	*bresaola* (carne salgada da região dos Alpes), rúcula e queijo parmesão
bruschetta	*bruschetta* (fatia de pão torrado com alho, tomate picado, sal e azeite)
insalata caprese	salada caprese (tomates, mozarela e manjericão)
insalata di frutti di mare	salada de frutos do mar
insalata di gamberetti	coquetel de camarões
melanzane alla parmigiana	berinjela à *parmigiana*
prosciutto e melone	presunto com melão
rucola e parmigiano	salada de rúcula com queijo parmesão
tonno con fagioli	salada de atum com feijão branco
vitello tonnato	entrada fria, composta de fatias de carne de vitela ao molho de atum

Minestre	Sopas
ravioli in brodo	ravióli e legumes em caldo de carne
crema di pomodori	creme de tomate
minestrone	minestrone (sopa de legumes com ou sem macarrão)
pasta e fagioli	sopa de feijão com macarrão
pastina in brodo	sopa de macarrãozinho
stracciatella	sopa com ovos batidos e queijo ralado
zuppa di pesce	sopa de peixe
zuppa pavese	caldo de carne com torrada e ovo

Primi Piatti	Entrada/Primeiro prato
spaghetti, penne, rigatoni	espaguete, *penne*, *rigatoni*
– al burro/in bianco	– na manteiga ou no azeite
– alla napoletana/al pomodoro	– à napolitana (molho de tomate sem carne)
– alla bolognese/al ragù	– à bolonhesa
– alle vongole	– com vôngole
– alla carbonara	– à carbonara (com ovos e *bacon*)
– al pesto	– ao pesto (molho à base de manjericão macerado com azeite, alho, queijo pecorino e pinhões picados)
– alla puttanesca	– à putanesca (molho de tomate, azeite e condimentos fortes)
gnocchi alla romana	nhoque gratinado
polenta (alla valdostana)	polenta (com queijo derretido)
agnolotti/ravioli/tortellini	*agnolotti*/ravióli/*tortelini* (tipos de massa recheada)

cannelloni	canelone
fettuccine/tagliatelle	*fettuccine*/talharim
lasagne al forno	lasanha com molho de carne e molho branco
tagliatelle verdi	talharim verde
maccherone	macarrão
vermicelli	fidelinho
risotto alla milanese	risoto com açafrão
risotto con funghi	risoto de cogumelos

Carni	**Carnes**
abbacchio	cordeiro assado *(especialidade romana)*
agnello	cordeiro
anitra	pato
arrosto di vitello	vitela assada
bistecca ai ferri	bife grelhado
bollito misto	cozido de diferentes carnes
capretto	cabrito
cervello	miolo
coniglio	coelho
cotoletta alla milanese	costeleta à milanesa
cotoletta di maiale	costeleta de porco
faraona farcita	galinha-d'angola recheada
fegato	fígado
fesa di vitello	escalope de vitela
lepre	lebre
lingua	língua
maiale	carne de porco
lombata di vitello	lombo de vitela

manzo/bue	carne de vaca
montone	carneiro
ossobuco	ossobuco
petti di pollo	peito de frango
pollo	frango
pollo arrosto	frango assado
polpetta	almôndega
svizzera	hambúrguer
rognoni	rins
saltimbocca alla romana	escalopinho de vitela com presunto e sálvia
scaloppine di vitello	escalope de vitela
spezzatino	picadinho
stufato	estufado, guisado, refogado
tacchino	peru
trippa	dobradinha
vitello	vitela

Pesce	**Peixes**
anguilla	enguia
aragosta	lagosta
branzino	lubina
calamari	lula
cozze/vongole	mexilhões/vôngoles
datteri di mare	litódomos
ga.mbero	camarão
granchio	caranguejo
pesce spada	peixe-espada
salmone	salmão
scampi fritti	lagostins fritos
sgombro	cavala

sogliola	linguado
triglia	salmonete
tonno	atum
trota	truta

Verdura e contorni	Legumes e acompanhamentos
asparagi	aspargos
bietola	acelga
broccoli	brócolis
carciofi	alcachofras
carote	cenouras
cavolfiore	couve-flor
cicoria	chicória
fagioli	feijões
fagiolini	vagens
finocchio	erva-doce
funghi	cogumelos
lenticchie	lentilhas
melanzane	berinjelas
patate	batatas
patatine fritte	batatas fritas
peperoni	pimentões
piselli	ervilhas
pomodori	tomates
purè di patate	purê de batatas
ravanelli	rabanetes
sedano	aipo
spinaci	espinafre
zucchini	abobrinhas

Insalate	Saladas
insalata mista	salada mista
insalata russa	salada russa (legumes e maionese)
insalata verde	salada verde
radicchio	radicchio

Uova	Pratos com ovos
frittata	omelete
uova al tegame	ovos estrelados
uova sode	ovos cozidos
uova strapazzate	ovos mexidos

Formaggi	Queijos
bel paese	queijo macio e suave
gorgonzola	gorgonzola
gruviera	*gruyère* (queijo suíço)
mozzarella	mozarela
parmigiano/grana	parmesão
pecorino	*pecorino* (queijo de ovelha)
provolone (affumicato)	provolone (defumado)
ricotta	ricota
stracchino	queijo fresco mole
taleggio	queijo fresco de leite integral

Dolci e frutta	Sobremesas e frutas
bongo	espécie de bolo com recheio de creme e cobertura de chocolate
cassata	cassata (bolo de sorvete com frutas cristalizadas)
creme caramel	pudim de caramelo
frutta cotta	compota
gelato	sorvete
macedonia	salada de frutas
sorbetto	sorvete preparado com polpa ou suco de fruta, e, em geral, com vinho e licor
tiramisù	*tiramisu*
zabaione	*zabaione*
zuppa inglese	espécie de pavê
albicocca	abricó
ananas	abacaxi
arancia	laranja
ciliegie	cerejas
cocomero/anguria	melancia
fichi	figos
fragole	morangos
frutti di bosco	frutas silvestres
lamponi	framboesas
mela	maçã
melone	melão
mirtilli	mirtilos
pera	pera
pesca	pêssego
pompelmo	toranja
prugna/susina	ameixa
uva	uva

Gelati, granite e frappé	Sorvetes, raspadinhas e *frappés*
amarena	sorvete de creme com ginja
bacio	sorvete de pasta de amêndoas e pedacinhos de avelãs
cioccolata	(sorvete de) chocolate
coppa assortita	sorvete de vários sabores
coppa con panna	copinho de sorvete com chantili
fior di latte	sorvete de nata
frappè alla fragola	*frappé* de morango
germi di soia	(sorvete de) germe de soja
granita alla menta/ al limone ecc.	raspadinha (espécie de sorvete granuloso) de menta/limão etc.
lampone	(sorvete de) framboesa
limone	(sorvete de) limão
menta	(sorvete de) menta
mirtilli	(sorvete de) mirtilo
nocciola	(sorvete de) avelã
tartufo	sorvete de baunilha ou chocolate coberto com cacau
torrone	sorvete de amêndoa com frutas cristalizadas
vaniglia/crema	sorvete de baunilha/creme

Lista delle bevande — Carta de bebidas

Vini	Vinhos
Asti spumante	vinho espumante, geralmente suave, da região do Piemonte
Barbera	vinho tinto seco e frutado da região do Piemonte
Bardolino	vinho tinto de mesa da região do Lago de Garda
Brunello di Montalcino	vinho nobre encorpado da região da Toscana
Chianti	famoso vinho tinto da região da Toscana
Frascati	vinho branco seco dos *Castelli* próximos a Roma
Grignolino	vinho tinto seco da região do Piemonte
Làcrima Christi	vinho tinto encorpado e ligeiramente doce da região de Nápoles
Lambrusco	vinho tinto levemente espumante do eixo Módena-Bolonha
Marino	vinho seco espumante da região do Friúli
Marsala	vinho doce encorpado da Sicília
Pinot Grigio	vinho branco seco das regiões de Friúli e Trentino
Orvieto	vinho branco fino e suave ou seco da região da Úmbria
Ruffino	vinho tinto da Toscana, que ainda é comercializado na garrafa típica do Chianti, revestida de palha
Valpolicella	vinho tinto leve da região de Verona

Birre	**Cervejas**
birra scura, bruna	cerveja escura, preta
birra chiara, bionda	cerveja clara
birra alla spina	chope

Bevande analcoliche	**Bebidas não alcoólicas**
acqua minerale	água mineral
– gassata o non gassata	– com gás ou sem gás
aranciata	laranjada
cedrata	refresco de xarope de cidra
gassosa	refrigerante
lemonsoda/oransoda	soda limonada/soda laranjada
spremuta d'arancia, di pompelmo	suco de laranja, de toranja
succo di fruttas	suco de fruta
succo di pesca	suco de pêssego
succo di pomodoro	suco de tomate
succo di pera	suco de pera

Liquori	**Aguardentes e licores**
amaro	*bitter*
amaretto	amaretto (licor de amêndoas)
grappa	grapa
limoncello	licor de limão
sambuca	anisete
Vecchia Romagna	conhaque italiano
Vino Santo	vinho licoroso

Caffetteria	**Cafeteria**
caffè, espresso	café *espresso*
caffè corretto	café pequeno e forte com um pouco de bebida alcoólica
caffè macchiato caldo/fredo	café pequeno e forte com leite frio/quente
caffè doppio	dois cafés *espressos* em um copo
caffè lungo/corto	café pequeno e forte com mais/com menos água
cappuccino	*cappuccino*
camomilla	(chá de) camomila
tè al latte/limone	chá com leite/com limão
cioccolata con panna	chocolate com chantili
pasta	doce, docinho (de massa)
torta	bolo

Mais de 40% do patrimônio cultural da humanidade encontra-se na Itália. Em decorrência disso, há muitos monumentos para visitar. Na verdade, toda a Itália é um enorme museu a céu aberto; é possível ver ali todas as épocas históricas: a **Pré-História** (os nuragues na Sardenha – fortalezas construídas entre a Idade do Bronze e a do Ferro, ou seja, de 2000 a 1000 a.C.); a **Antiguidade** (*Pompeia, Herculano, Fórum Romano* em Roma, *templo de Segesta*, na Sicília); a **Idade Média** com suas influências românicas (*Piazza dei Miracoli*, com a torre inclinada, em Pisa, e basílica de *Sant'Ambrogio*, em Milão), bizantinas (os mosaicos de Ravena) e góticas (catedral de Milão e de Orvieto); o **Renascimento** com suas edificações suntuosas (por exemplo, a catedral de *Santa Maria del Fiore*, em Florença); o **Barroco** (sua unidade de estilo e homogeneidade de linhas fazem as igrejas de Lecce, na Puglia, merecerem uma visita); a **Modernidade**, com suas construções majestosas (por exemplo, a *Galleria Vittorio Emanuele II*, em Milão, uma suntuosa galeria de compras), construções em estilos moderno e pós-moderno (os representantes mais importantes desse estilo de arquitetura são Aldo Rossi e Pier Paolo Portoghesi; este último foi o arquiteto responsável pela construção da controvertida mesquita de Roma). Para os interessados em história da arte e da cultura, a Puglia é uma verdadeira mina de informações (ali estão representadas praticamente todas as épocas!).

No departamento de turismo

Eu queria um mapa de …
Vorrei una pianta de …

O(A) senhor(a) vende ingressos múltiplos, que dão acesso a vários museus da cidade?
Vendete i biglietti cumulativi per i musei della città?

Há *city tours*/visitas guiadas da cidade?
Ci sono giri turistici della città organizzati?

Quanto custa a passagem (para o passeio)?
Quanto costa il biglietto?

O(A) senhor(a) tem a programação dos eventos desta semana?
Ha un programma delle manifestazioni di questa settimana?

Em Viserba, nas proximidades de Rimini, você terá a oportunidade de visitar toda a Itália em apenas um dia, pois lá existe um parque chamado Itália em Miniatura, onde, em um período de três a quatro horas, é possível ter uma visão geral das edificações mais importantes da Itália numa escala que vai de 1:25 a 1:50, numa área de 85.000 m².

Monumentos – museus

A *Galleria degli Uffizi*, em Florença, e o museu do Vaticano fazem parte dos museus mais importantes do mundo. O museu nacional em Reggio Calabria também abriga um acervo digno de nota, constituído de objetos da Pré-História e da Antiguidade, oriundos da Calábria e da Grécia antiga. Uma das coleções mais importantes da arte egípcia encontra-se no *Museo Egizio*, em Turim, onde se podem admirar estátuas gigantescas de faraós como Ramsés II ou Tutancâmon.
Nos últimos anos, alguns museus da Itália ensinam arte para as crianças de forma lúdica. Assim, no museu do Capitólio, em Roma, há, por exemplo, um passeio multimídia para crianças acima de sete anos, em que, num monitor, acompanham as histórias das obras expostas e podem brincar com elas. Em uma das oficinas experimentais, podem interagir com tudo o que viram e ouviram. Um

dos mais importantes museus da Itália, o museu de Capodimonte, em Nápoles, dispõe de um ateliê bem equipado, em que as crianças de quatro a dez anos de idade têm a possibilidade de "copiar" as obras expostas, enquanto seus pais visitam tranquilamente o acervo.

Horários, visitas guiadas, ingressos

Para dar vazão ao fluxo de visitantes, alguns museus ficam abertos até as 22 h. Nas cidades em que há grande concentração de museus, é possível comprar um ingresso único (*biglietto cumulativo*) que dá direito a visitar todos eles. Informe-se na central de turismo.

Quais são as atrações turísticas daqui?
Che cosa c'è da vedere qui?

O(A) senhor(a) não pode deixar de ver/visitar ...
Non deve assolutamente perdere ...

A que horas abre o museu?
Quando è aperto il museo?

A que horas começa a visita guiada?
Quando comincia la visita con la guida?

O guia também fala português?
La guida parla anche portoghese?

É permitido fotografar?
È permesso fare fotografie?

Duas entradas/Dois ingressos, por favor.
Due biglietti, per favore.

Dois adultos e uma criança.
Due adulti e un bambino.

Há descontos para ...
Ci sono riduzioni per ...

... crianças?
... bambini?

... estudantes?
... studenti?

... aposentados?
... pensionati?

... grupos?
... gruppi?

Tem ingresso que dá acesso a vários museus?
Avete dei biglietti cumulativi per i musei?

Há um catálogo da exposição?
Esiste un catalogo dell'esposizione?

O quê? Quando? Onde?

Este é o .../Esta é a ...?
È questo il ...?/È questa la ...?

Quando foi construído/restaurado este edifício?
Quando fu costruito/restaurato questo palazzo?

De que época é este prédio?
A che epoca risale questo edificio?

Quem pintou este quadro?
Chi ha dipinto questo quadro?

Há uma reprodução deste quadro em pôster/cartão-postal/*slide*?
Ha un poster/una cartolina/una diapositiva di questo quadro?

Uma das regras de etiqueta recomenda que não se deve ir ao museu de camiseta regata, molhar os pés nas fontes, fazer piquenique na frente de monumentos e museus ou entrar nas igrejas trajando *short* ou blusa sem manga.

Coisas gerais

achados arqueológicos	**i reperti archeologici**
área de pedestres	**la zona pedonale**
arte	**l'arte** *f*
atrações turísticas	**le cose da vedersi**
bairro	**il quartiere**
casa	**la casa**
centro da cidade	**il centro città**
cidade natal	**la città natale**
city tour	**giro turistico della città**
conservação dos monumentos	**la tutela dei monumenti**
emblema, símbolo	**l'emblema** *m*
guia de turismo	**la guida turistica, il cicerone**
história	**la storia**
imperador/imperatriz	**l'imperatore** *m*/**l'imperatrice** *f*
ingresso múltiplo	**il biglietto cumulativo**
material	**il materiale**
mercado	**il mercato**
monumentos	**i monumenti**
museu	**il museo**
museu de tradições populares	**il museo di tradizioni popolari**
parque	**il parco**
reconstruir	**ricostruire**

rei/rainha	**il re/la regina**
religião	**la religione**
restaurar	**restaurare**
rua	**la strada, la via**
ruínas	**i resti**
subúrbio	**il sobborgo**
troca da guarda	**il cambio della guardia**
viela	**il vicolo**
visita	**la visita**
visita guiada	**visita guidata**

Arquitetura

abadia	**l'abbazia** *f*
abóbada	**la volta**
ala	**l'ala** *f*
altar	**l'altare** *m*
anfiteatro	**l'anfiteatro** *m*
arco	**l'arco** *m*
arco do triunfo	**l'arco** *m* **di trionfo**
arena	**l'arena** *f*
arqueologia	**l'archeologia** *f*
arquiteto	**l'architetto** *m*
arquitetura	**l'architettura** *f*
campanário	**il campanile**
capela	**la cappella**
castelo	**il castello**
catacumbas	**le catacombe**
catedral	**la cattedrale, il duomo**
cemitério	**il cimitero**
centro histórico	**il centro storico**
claustro	**il chiostro**

coluna	**la colonna**
convento, monastério	**il convento, il monastero**
cúpula	**la cupola**
escavações	**gli scavi**
fachada	**la facciata**
fonte	**la fontana**
fortaleza	**la fortezza**
igreja	**la chiesa**
inscrição	**l'iscrizione** *f*, **l'epigrafe** *f*
janela	**la finestra**
mausoléu	**il mausoleo**
memorial	**il monumento commemorativo**
mercado	**il mercato coperto**
monumento	**il monumento**
muralhas da cidade	**le mura della città**
muro	**il muro**
nuragues	**le nuraghe**
obelisco	**l'obelisco** *m*
ópera	**l'opera** *f*
palácio	**il palazzo**
pátio interno	**il cortile interno**
ponte	**il ponte**
portal	**il portale**
portão	**il portone**
praça	**la piazza**
prédio, edifício	**l'edificio** *m*, **la costruzione**
prefeitura	**il municipio**
púlpito	**il pulpito**
reconstruir	**ricostruire**
ruína	**la rovina**
santuário	**il santuario**
sarcófago	**il sarcofago**

sepulcro, túmulo	**il monumento sepolcrale**
teatro	**il teatro**
telhado	**il tetto**
templo	**il tempio**
tesouro *(lugar onde se guardam as riquezas)*	**la tesoreria**
teto	**il soffitto**
tímpano	**il t_i_mpano**
torre	**la torre**
tumba	**la tomba**
universidade	**l'università** *f*

Artes plásticas

água-forte	**l'acquaforte** *f*
aquarela	**l'acquerello** *m*
arte em cerâmica	**l'arte** *f* **di vasaio**
arte gráfica	**l'arte** *f* **gr_a_fica**
artes plásticas	**le arti figurative**
artesanato	**l'artigianato** *m*
bronze	**il bronzo**
calcografia	**l'incisione** *f* **su rame, la calcografia**
cartaz	**il manifesto**
cerâmica	**la cer_a_mica**
cópia	**la copia**
crucifixo	**il crocifisso**
cruz	**la croce**
desenho	**il disegno**
escultor	**lo scultore**
escultura	**la scultura**
estátua	**la statua**
exposição	**la mostra, l'esposizione** *f*

fotografia	**la fotografia**
galeria de arte	**la galleria d'arte**
litografia	**la litografia**
modelo	**il modello**
mosaicista	**il mosaicista**
mosaico	**il mosaico**
nanquim	**l'inchiostro** *m*, **la china**
natureza-morta	**la natura morta**
nu	**il nudo**
original	**l'originale** *m*
ourivesaria	**l'arte** *f* **orafa**
peça de exposição	**il pezzo d'esposizione**
pintor(a)	**il pittore/la pittrice**
pintura	**la pittura, il dipinto**
pintura em vidro	**la pittura su vetro, la vetrocromia**
porcelana	**la porcellana**
quadro	**il quadro**
retrato	**il ritratto**
serigrafia	**la serigrafia**
talha	**l'intaglio** *m*
tapete	**il tappeto**
terracota	**la terracotta**
torso	**il torso**
vaso	**il vaso**
xilogravura	**la silografia**

Estilos e épocas

antigo	**antico**
antiguidade	**l'antichità** *f*
arte contemporânea	**l'arte** *f* **contemporanea**
arte românica	**l'arte** *f* **romanica**

barroco	**il barocco**
bizantino	**bizantino**
celta	**celtico**
classicismo	**il classicismo**
cristianismo	**il cristianesimo**
cubismo	**il cubismo**
dinastia	**la dinastia**
época	**l'epoca** *f*
estilo	**lo stile**
estilo *liberty*	**lo stile liberty**
expressionismo	**l'espressionismo** *m*
giottesco, ao estilo de Giotto	**giottesco**
gótico	**gotico**
grego	**greco**
Idade da Pedra	**l'età** *f* **della pietra**
Idade do Bronze	**l'età** *f* **del bronzo**
Idade do Ferro	**l'età** *f* **del ferro**
Idade Média	**il Medioevo**
impressionismo	**l'impressionismo** *m*
macchiaioli (ao estilo de Macchiaiolo, pintor toscano da segunda metade do séc. XIX)	**i macchiaioli**
maneirismo	**il manierismo**
moderno	**moderno**
normando	**normanno**
ostrogodo	**ostrogoto**
pagão	**pagano**
período áureo	**il periodo aureo**
Pré-História	**preistoria**
pré-histórico	**preistorico**

rafaelino	**raffaellesco**
Renascimento, Renascença	**il rinascimento, il risorgimento**
rococó	**il rococò**
romantismo	**il romanticismo**
século	**il secolo**

Na história da arte e da cultura italiana, os períodos são designados da seguinte forma: *il Quattrocento* (século XV), *il Cinquecento* (século XVI) e assim por diante.

surrealismo	**il surrealismo**

Passeios

Onde é o ponto de encontro?
Dov'è il punto d'incontro?

Quando nos encontraremos?
Quando ci incontriamo?

Passaremos por ...?
Passiamo da ...?

Também veremos ...?
Si va anche a vedere ...?

Quando retornaremos?
Quando si parte per il viaggio di ritorno?

aldeia de pescadores	**il villaggio di pescatori**
arredores	**i dintorni**
cachoeira, cascata	**la cascata**
caverna	**la grotta, la caverna**
cidade-museu	**il villaggio museale**

desfiladeiro, passo	**il passo**
excursão, passeio	**la gita, l'escursione** *f*
farol	**il faro**
floresta	**il bosco, la foresta**
fonte	**la sorgente, la fonte**
garganta	**la gola**
gruta	**la grotta**
gruta de estalactites e estalagmites	**la grotta con stalattiti e stalagmiti**
incêndio florestal	**l'incendio** *m* **forestale**
interior	**il retroterra**
jardim botânico	**il giardino botanico**
jardim zoológico	**lo zoo**
lago	**il lago**
lava	**la lava**
litoral	**il litorale**
local de peregrinação	**il luogo di pellegrinaggio**
marema	**la maremma**
mercado	**il mercato**
mirante	**il belvedere**
montanha	**la montagna**
monte	**il monte**
museu a céu aberto	**il museo all'aperto**

Com certeza, o maior "museu a céu aberto" da Itália é **Veneza.** Como pontos altos da cidade podemos mencionar: Praça de São Marcos *(Piazza San Marco)*, Palácio dos Doges *(Palazzo Ducale)* e a ponte de Rialto *(Ponte di Rialto)*.

observatório	**l'osservatorio** *m* **astronomico**
paisagem	**il paesaggio**

pântano	**la palude**
parque de diversões	**il parco divertimenti**
parque nacional	**il parco nazionale**
passeio de um dia	**la gita di un giorno**
pico	**la cima**
planalto	**l'altopiano** *m*
porto de pesca	**il porto di pesca**
recife	**lo scoglio**
reserva de caça	**la riserva di caccia**
reserva ornitológica	**la zona di protezione degli uccelli**
rio	**il fiume**
tour, passeio	**il giro**
vale	**la valle**
vilarejo montanhês	**il viliaggio di montagna**
volta da ilha	**il giro dell'isola**
vulcão	**il vulcano**

FÉRIAS EM BALNEÁRIOS E FÉRIAS COM ATIVIDADES FÍSICAS E CRIATIVAS

Férias de verão na Itália para muitos significa férias na praia. Mas, cuidado! Na Itália, há praias particulares, às quais só tem acesso quem aluga um guarda-sol com uma cadeira de praia.
Tomar sol de *topless* é permitido, mas tomar banho de mar assim é bem raro. Observe os costumes das pessoas do local.
Muitas praias particulares, principalmente as do Adriático, que tradicionalmente acolhem muitos turistas estrangeiros, oferecem esportes e animação.
Nos últimos tempos os *vu' cumpra,* imigrantes do norte da África, geralmente ilegais (também chamados de *extracomunitari* por não pertencerem à Comunidade Europeia), passaram a fazer parte da vida nas praias. Eles vendem clandestinamente tapetes, isqueiros, guarda-sóis, bolsas de grife falsificadas, entre outros objetos.

Férias em balneários

Aqui há ...
C'è qui ...

uma piscina?
una piscina?

uma piscina coberta?
una piscina coperta?

Uma entrada/Um ingresso, por favor.
Un biglietto, per favore.

Onde ficam ...
Dove sono ...

os chuveiros?
le doccie?

as cabines?
le cabine?

Para trocar de roupa nas praias, as pessoas usam as cabines ou a toalete. Há quem se troque na própria praia, usando uma toalha para se cobrir; isso torna a operação difícil e requer certa habilidade. A regra tácita é simples: os adultos não ficam totalmente nus nas praias, a não ser que seja uma praia de nudismo, o que é raro na Itália.

Per soli nuotatori!
Somente para pessoas que sabem nadar!

Vietato bagnarsi!
Proibido nadar!/Proibido entrar na água!

Vietato tuffarsi!
Proibido mergulhar!

A praia é ...
La spiaggia è ...

de areia?
sabbiosa?

de cascalho?
ghiaiosa?

Aqui há ouriços-do-mar/águas-vivas/algas?
Ci sono ricci/meduse/alghe?

A correnteza é muito forte?
È molto forte la corrente?

É perigoso para crianças?
È pericoloso per i bambini?

Quando a maré baixa/sobe?
Quando viene la bassa/l'alta marea?

Eu gostaria de alugar ...
Vorrei noleggiare ...

uma espreguiçadeira.
una (sedia a) sdraio.

um guarda-sol.
un ombrellone.

um barco a remo/um pedalinho.
una barca a remi/un pedalò.

um par de esquis aquáticos.
un paio di sci nautici.

Quanto custa por hora/por dia?
Quanto costa all'ora/al giorno?

balneário	**la zona balneare**
boias de braços	**i braccioli**
colchão de ar	**il materasso pneumatico**
esquis aquáticos	**gli sci nautici**
gramado para tomar sol	**il prato per sdraiarsi**
guarda-vento, quebra-vento	**il frangivento**
jet ski	**lo scooter**
nadadeiras, pés de pato	**le pinne**
nadador	**il nuotatore**
nadar	**nuotare**
não nadador, pessoa que não sabe nadar	**il non nuotatore**
pedalinho	**il patino a pedali, il pedalò**
piscina infantil	**la piscina/la vasca per bambini**
praia de livre acesso	**la spiaggia libera**
praia de nudismo	**la spiaggia per nudisti**

praticar esqui aquático	**andare su sci nautici**
salva-vidas	**il bagnino**
vôlei de praia	**il beach-volley**

Férias com atividades físicas e esportivas

Que esportes é possível praticar aqui?
Quali sport si possono praticare qui?

Aqui há ...
C'è ...

um campo de golfe?
un campo da golf?

uma quadra de tênis?
un campo da tennis?

Onde se pode ...
Dove si può/possono ...

pescar?
pescare?

fazer caminhadas/passeios agradáveis?
fare delle belle escursioni?

Onde posso alugar ...?
Dove posso noleggiare ...?

Gostaria de fazer um curso de ... para iniciantes/de nível avançado.
Vorrei fare un corso di ... per principianti/avanzati.

Esportes náuticos	Lo sport acquatico
barco a remo	**la barca a remi**
barco a vela, veleiro	**la barca a vela**

bote inflável	**il canotto pneumatico**
canoa	**la canoa**
canyoning	**il canyoning**
carteira de habilitação náutica	**la patente nautica**
casa-barco	**la casa battello**
condição térmica	**la situazione termica**
lancha, barco a motor	**il motoscafo**
passeio de veleiro	**la veleggiata, la gita in barca a vela**
prancha de windsurfe	**la tavola del wind-surf**
praticar canoagem	**andare in canoa**
praticar windsurfe	**fare windsurf**
regata	**la regata**
remar	**remare**
remo	**il remo**
surfar	**praticare il surfing**
turismo fluvial	**turismo sui corsi d'acqua**
vela	**la vela**
velejar	**navigare a vela**
windsurfe	**il windsurf**

Mergulho — L'immersione

arpão	**la fiocina**
cilindro de oxigênio	**l'ossigenatore** *m*
equipamento de mergulho	**l'attrezzatura** *f* **da palombaro**
máscara de mergulho	**la maschera subacquea**
mergulhar	**nuotare sott'acqua**
mergulho autônomo	**l'immersione** *f* **con le bombole**
praticar mergulho livre	**fare lo snorkeling**
roupa de mergulho	**la muta in neoprene**
snorkel, respiradouro	**il respiratore di superficie, lo snorkel**

Pesca com anzol	La pesca con l'amo *m*
capitania dos portos	**la capitaneria di porto**
defeso	**il periodo di divieto di caccia**
licença de pesca	**la licenza di pesca**
pesca de alto-mar	**la pesca d'altura**
pescar com anzol	**pescare con l'amo** *m*
vara de pescar	**la canna da pesca**

Jogos com bola	I giochi con la palla
basquetebol	**il basketball, il pallacanestro**
bola	**la palla**
campo de jogos	**il terreno di gioco**
futebol	**il calcio**
gol	**il goal, la porta**
goleiro	**il portiere**
handebol	**la palla a mano**
partida, jogo de futebol	**la partita di calcio**
primeiro/segundo tempo	**il primo/il secondo tempo**
rede	**la rete**
rúgbi	**il rugby**
time	**la squadra**
voleibol	**la pallavolo**

Tênis e badminton	Il tennis ed il badminton
badminton	**il badminton, il gioco del volano**
holofotes	**l'impianto** *m* **di proiettori**
jogo de duplas	**il doppio**
jogo de simples	**il singolo**
peteca	**il volano**

pingue-pongue	**il ping-pong**
raquete	**la racchetta**
squash	**lo squash**
tênis	**il tennis**

Ginástica e condicionamento	**Gli esercizi ginnici e l'allenamento *m***
academia de ginástica	**il centro di fitness**
alongamento	**lo stretching**
condicionamento físico	**l'allenamento *m* per migliorare la forma**
correr	**fare jogging**
corrida	**il jogging**
culturismo	**il culturismo**
ginástica	**la ginnastica**
(ginástica) aeróbica	**l'aerobica *f***
ginástica para a coluna	**la ginnastica per la colonna vertebrale**
jazz	**la ginnastica jazz**

Bem-estar	**La wellness**
banheira de hidromassagem	**la vasca per idromassaggio**
massagem	**il massaggio**
sauna	**la sauna**
solarium	**il solario**

Ciclismo	**Il ciclismo**
andar de bicicleta	**andare in bicicletta**
bicicleta	**la bicicletta**

bicicleta de corrida	**la bicicletta da corsa**
bicicleta de *trekking*	**la bicicletta da trekking**
bicicleta de turismo, de viagem	**la bicicletta da turismo**
bomba de ar	**la pompa d'aria**
câmara de ar	**la camera d'aria**
capacete de proteção, capacete para ciclismo	**il casco di protezione**
ciclismo	**il ciclismo**
ciclovia	**la pista ciclabile, la ciclopista**
kit para conserto/remendo de pneus	**gli accessori per la riparazione di forature**
mountain-bike	**la mountain bike**
passeio ciclístico	**l'itinerario** *m* **in bici(cletta)**
patinete	**il monopattino**
pista de ciclismo	**il percorso ciclabile**

Caminhada e alpinismo — Il trekking e l'alpinismo *m*

Eu gostaria de fazer uma trilha nas montanhas.
Vorrei fare una gita in montagna.

O(A) senhor(a) poderia me indicar no mapa uma trilha/um percurso interessante?
Mi può indicare un itinerario interessante sulla carta?

abrigo, refúgio	**il rifugio**
alpinismo	**l'alpinismo** *m*
caminhada de um dia	**la marcia di un giorno**
circuito de caminhada	**il sentiero per escursioni a lunga distanza**

corda de segurança	**la corda di sicurezza**
escalada livre	**il freeclimbing**
fazer caminhadas	**camminare/fare un'escursione**
mapa de trilhas	**il mappa dei sentieri**
percurso, itinerário	**il percorso, l'itinerario** *m*
trekking	**il trekking**
trilha (para caminhadas)	**il sentiero (per escursioni)**

Equitação	L'equitazione *f*
cavalgada	**la cavalcata**
cavalgar	**cavalcare**
cavalo	**il cavallo**
escola de equitação	**la scuola di equitazione**
férias equestres	**le vacanze a cavallo**
polo	**il polo**

Golfe	Il golf
área do *tee, teeing-ground*	**il teeing-ground**
campo de 18 buracos	**il campo con 18 buche**
club house, sede	**il circolo, il club**
clube de golfe	**il circolo golfistico**
golfe	**il golf**
green fee	**il greenfee**
percurso	**il parcours, il percorso**
taco de golfe	**la mazza da golf**
visitante	**il visitatore giornaliero**

Voo de asa-delta, parapente e voo a vela — Il volo col deltaplano, parapendio ed il volo a vela

asa delta	**il deltaplano dirigibile**
paramotor, parapente motorizado	**il parapendio a motore trainante**
parapente	**il parapendio**
paraquedismo	**il paracadutismo**
parasailing	**il paracadute ascensionale, il parasailing**
ponto de decolagem	**la pista di decollo**
vento ascendente	**la termica**
voo a vela, volovelismo	**il volo a vela**
voo de asa-delta, voo livre	**lo sport del deltaplano**

Férias de inverno — Le vacanze invernali

Um ingresso de um dia, por favor.
Un (biglietto) giornaliero, per favore.

Quanto custa o telesqui?
Quanti punti costa lo ski-lift/l'impianto di risalita?

A que horas é a última subida/descida?
A che ora c'è l'ultima salita a monte/discesa a valle?

andar de trenó	**andare in slitta**
bastões de esqui	**i bastoni da sci**
curling	**il curling**
curso de esqui	**il corso di sci**
esqui	**lo sci**
esqui alpino	**lo sci alpino**

esqui de fundo	**lo sci di fondo**
esquiar	**sciare**
estação de esqui	**la stazione a monte**
estação inferior	**la stazione a valle**
estação intermediária, parada intermediária	**la stazione a mezza quota**
fixação *(dos esquis)*	**l'attacco** *m*
hóquei no gelo	**l'hockey** *m* **su ghiaccio**
ingresso, passe de um dia	**(l'abbonamento** *m***) giornaliero**
ingresso, passe de uma semana	**l'abbonamento** *m* **settimanale**
neve fofa	**la neve farinosa**
óculos de esqui	**gli occhiali da sci**
patinação no gelo	**il pattinaggio su ghiaccio**
patinar (no gelo)	**pattinare (sul ghiaccio)**
patins (de gelo)	**i pattini (per ghiaccio)**
pista/rinque de patinação no gelo	**la pista per pattinaggio su ghiaccio**
pista de esqui de fundo	**la pista di fondo**
professor de esqui	**il maestro di sci**
snowboard	**lo snowboard**
snowrafting	**lo snowrafting**
teleférico de cabine, funicular	**la funivia, la funicolare**
teleférico de cadeira	**la seggiovia**
telesqui	**la sciovia**
telesqui para crianças	**l'impianto** *m* **di risalita per bambini**
trenó	**la slitta**

Outros esportes	Ulteriori sport
andar de *skate*	**andare sullo skate**
atletismo	**l'atletica *f* leggera**
base jumping	**il basejumping**
bocha	**il gioco delle bocce**
boliche	**il bowling**
bungee-jump	**il bungeejumping**
jogo da bola	**il gioco dei birilli**
minigolfe	**il minigolf**
motociclismo	**il motociclismo**
patinação com patins *in line*	**il pattinaggio sui roller**
patinar com patins de rodinhas	**pattinare a rotelle**
patinar com patins *in line*	**pattinare sui roller**
patins de rodas	**i pattini a rotelle**
patins *in line*	**i rollerblades**
skate	**lo skate-board**

Visitando instalações esportivas

Que eventos esportivos realizam-se aqui?
Quali manifestazioni sportive ci sono qui?

Eu gostaria de assistir ao jogo de futebol.
Vorrei vedere la partita di calcio.

Quando/Onde é?
Quando/Dove ha luogo?

Quanto custa o ingresso?
Quanto costa l'ingresso?

Quanto está (o jogo)?
Come stanno?

2 a 1.
2 a 1.

um a um.
uno a uno.

Falta!
Fallo!

Belo chute!
Bel tiro!

Gol!
Goal!

árbitro	**l'arbitro** *m*
bilheteria	**la cassa**
campeonato	**il campionato**
campo de esportes	**il campo sportivo**
competição	**la gara**
corrida ciclística	**la corsa ciclistica**
corrida	**la corsa**
cruzamento, chute cruzado	**il cross, il traversone**
derrota	**la sconfitta**
empatado	**pari**
esportista	**lo sportivo** *m*/**la sportiva** *f*
estádio	**lo stadio**
ganhar	**vincere**
grande área	**l'area** *f* **di rigore**
impedimento	**fuorigioco**
ingresso	**il biglietto d'ingresso**
jogo, partida	**la partita**
passe	**il passaggio**
pênalti	**il calcio di rigore**
perder	**perdere**

programação	**il programma**
saída de bola	**il calcio d'inizio**
tiro livre	**il calcio di punizione**
vitória	**la vittoria**

Férias com atividades criativas

Estou interessado(a) em fazer ...
Mi interesserebbe fare ...

um curso de cerâmica.
un corso di ceramica.

um curso de italiano.
un corso d'italiano.

para iniciantes.
per principianti

de nível avançado.
per avanzati

São quantas horas por dia?
Quante ore al giorno si lavora?

O número de participantes é limitado?
Il numero dei partecipanti è limitato?

É necessário ter conhecimento prévio?
Sono richieste delle conoscenze preliminari?

Até quando é preciso se inscrever?
Fino a quando ci si deve iscrivere?

O custo do material está incluído?
I costi per il materiale sono compresi?

O que é preciso trazer?
Cosa si deve portare?

aquarela	**la pittura di acquerello**
autoconsciência	**l'autocoscienza** *f*
companhia teatral	**la compagnia teatrale**
cozinhar	**cucinare**
culinária	**la cucina**
curso	**il corso**
fotografar	**fotografare**
ioga	**lo yoga**
jejum	**il digiuno**
marcenaria	**i lavori di falegnameria**
nu (artístico)	**il disegno di nudi**
oficina/*workshop*	**il workshop**
oficina de artes dramáticas	**il workshop d'arte drammatica**
ourivesaria	**i lavori d'oreficieria**
panificação	**la cottura del pane**
pintura	**la pittura**
pintura a óleo	**la pittura a olio**
pintura em seda	**la pittura in seta**
seminário	**il seminario**
teatro bailado	**il teatro-danza**
tocar tambor	**battere il tamburo**

ENTRETENIMENTO

No verão acontecem vários espetáculos de teatro e concertos ao ar livre *(all'aperto)*. Em geral, na Itália, as pessoas se vestem muito bem para ir aos espetáculos noturnos.

Teatro – concerto – cinema

Em 1778 foi aberto o Teatro Scala, em Milão, que desde essa época passou a ser considerado um teatro de referência mundial. A temporada é sempre aberta em 7 de dezembro e pessoas do mundo inteiro se acotovelam para comprar os ingressos caros. A venda dos 200 lugares de onde se assiste ao espetáculo em pé inicia-se uma hora antes da apresentação, mas a fila começa logo depois do almoço.

Que peça será apresentada esta noite no teatro?
Che spettacolo danno oggi a teatro?

O que vai passar amanhã à noite no cinema?
Che cosa c'è al cinema domani sera?

Há concertos na igreja?
Danno concerti in chiesa?

O (A) senhor(a) pode me recomendar uma boa peça de teatro?
Mi può consigliare una buona rappresentazione teatrale?

Quando/A que horas começa o espetáculo?
Quando comincia lo spettacolo?

Na maioria dos cinemas italianos, as pessoas não têm restrições para entrar nas sessões. Isso significa que a todo momento as pessoas podem entrar na sala, assistir ao filme a partir desse ponto e permanecer nela até o ponto em que pegaram o filme. De qualquer forma, sempre é possível informar-se na bilheteria sobre o horário das sessões.

Onde posso comprar os ingressos?
Dove si prendono i biglietti?

Dois ingressos para hoje à noite, por favor.
Due biglietti per stasera, per favore.

Dois ingressos de ..., por favor.
Per favore due biglietti da ...

Poderia me dar um programa, por favor?
Mi può dare un programma, per favore?

Para ver as célebres apresentações musicais, como a ópera na arena de Verona, os concertos nas termas de *Caracalla*, em Roma, o festival de música em Ravello, na Costa Amalfitana, o *Maggio Musicale Fiorentino*, em Florença, é recomendável comprar os ingressos antes da viagem.

bilheteria	**la biglietteria**
entrada, ingresso	**il biglietto**
espetáculo	**lo spettacolo**
festival	**il festival**
intervalo	**l'intervallo** *m*
programa	**l'opuscolo** *m* **del programma**
venda antecipada	**la prevendita**
vestiário	**il guardaroba**

Teatro

apresentação, representação	**lo spettacolo**
ato	**l'atto** *m*
ator/atriz	**l'attore** *m*/**l'attrice** *f*
bailarino(a), dançarino(a)	**il ballerino** *m*/**la ballerina** *f*
balé	**il balletto**
cabaré	**il cabaret**
camarote	**il palco**
comédia	**la commedia**
comédia popular	**la commedia popolare**
drama	**il dramma**
encenação	**la messa in scena**
espetáculo	**lo spettacolo**
estreia	**la prima**
obra teatral	**l'opera** *f* **teatrale**
ópera	**l'opera** *f*
opereta	**l'operetta** *f*
plateia	**la platea**
primeira/segunda fileira dos camarotes	**la prima/la seconda fila di palchi**
programa	**il programma**
teatro	**il teatro**
teatro ao ar livre	**il teatro all'aperto**
teatro de variedades	**il varietà**
tragédia	**la tragedia**

Concerto e espetáculo

blues	**il blues**
cantor(a)	**il/la cantante**
compositor(a)	**il compositore/la compositrice**

concerto	**il concerto**
concerto de câmara	**il concerto da camera**
concerto de música sacra	**il concerto di musica sacra**
concerto sinfônico	**il concerto sinfonico**
coro	**il coro**
jazz	**il jazz**
música clássica	**la musica classica**
música popular	**la musica popolare**
música tecno	**il tecno**
musical	**il musical, la commedia musicale**
orquestra	**l'orchestra** *f*
pop	**il pop**
rap	**il rap**
regente, maestro/maestrina	**il direttore** *m*/**la direttrice** *f* **d'orchestra**
reggae	**il reggae**
solista	**il/la solista**
soul	**il soul**

Cinema

ator/atriz de cinema	**l'attore** *m*/**l'attrice** *f* **di cinema**
cinema	**il cinema**
cineclube	**il cinema con programma culturale stabilito**
cinema ao ar livre, a céu aberto	**il cinema all'aperto**
direção	**la regia**
efeitos especiais	**gli effetti speciali**
filme	**il film**
clássico	**classico**

curta-metragem	**a corto metraggio**
de ação	**d'azione**
de ficção científica	**di fantascienza**
de suspense, terror	**thrilling**
desenho animado	**a cartoni animati**
documentário	**documentario**
em preto e branco	**in bianco e nero**
faroeste	**western**
legenda	**il sottotitolo**
papel principal	**il ruolo principale**
versão original	**la versione originale**

Vida noturna

O que se pode fazer à noite aqui?
Cosa si può fare qui la sera?

Há algum barzinho agradável por aqui?
C'è un locale simpatico da queste parti?

Onde se pode dançar por aqui?
Dove si può andare a ballare?

Vamos dançar (de novo)?
Balliamo (ancora)?

bar	**il night**
boate, casa noturna	**il night-club**
cassino	**il casinò**
conjunto (de músicos)	**il complesso**
dançar	**ballare**
discoteca	**la discoteca**
folclore	**il folclore**
jogo de azar	**il gioco d'azzardo**

música ao vivo	**la musica dal vivo**
orquestra	**l'orchestra** *f*
sair	**uscire**
sarau folclórico	**la serata folcloristica**
show	**lo show**
taberna, barzinho, *pub*	**l'osteria** *f*, **il locale, il pub**
traje de noite	**l'abito** *m* **da sera**

Festas e eventos

Quando é o festival de ...?
Quando si tiene il festival ...

de ... a ...
dal ... al ...

todo ano em agosto
ogni anno in agosto

a cada dois anos
ogni due anni

Duas vezes por ano, mais especificamente nos dias 2 e 16 de julho, acontece o *Palio di Siena*, a famosa corrida de cavalos que teve origem na Idade Média. A palavra *palio* vem do latim *pallium* (manto); ele é o prêmio que o vencedor ganha após dar três voltas a cavalo na *Piazza del Campo* (praça principal de Siena). A disputa é feita entre os bairros da cidade *(contrade)*, cada um representado por seu cavaleiro. Para muitos habitantes de Siena, esta festa é bem mais do que um evento tradicional, é o próprio sentido da vida. O *Palio* mais antigo da Itália, que ocorre desde 1275, acontece todo ano em 16 de setembro, na cidade de Asti, no Piemonte.

O que é exatamente esse evento?
Che cos'è precisamente?

Qualquer pessoa pode participar?
Può partecipare chiunque?

banda (de músicos)	**banda**
carnaval	**il carnevale**

O Carnaval de Veneza é com certeza uma das festas mais famosas da Itália. A maioria das figuras e máscaras que podem ser vistas nas pontes e praças de Veneza durante esse período tem sua origem na *Commedia dell'arte,* cujas raízes se encontram no século XVI. Dentre as fantasias mais comuns vistas nas vielas de Veneza estão figuras clássicas como *Arlecchino, Pulcinella* e *Colombina,* além de outras. Também vale a pena ver as festividades de Carnaval de Ronciglione (na província de Viterbo) e de Viareggio (na província de Lucca).

cavalheiro, senhor	**cavaliere**

A Úmbria é a região que tem as festas mais tradicionais da Itália. As três mais conhecidas são *Il Calendimaggio, La Corsa dei Ceri* e *La Quintana. Il Calendimaggio* (festa do 1º de maio) tem sua origem no Renascimento e acontece em Assis, entre 29 de abril e 1º de maio. A cidade alta joga contra a cidade baixa e o ganhador pode então proclamar a *Madonna Primavera.* Durante os dias de festa, toda a cidade fica envolvida com o tema do Renascimento e, em toda parte, veem-se homens e mulheres vestidos com trajes tradicionais da antiga nobreza.
La Corsa dei Ceri (corrida que teve origem na Idade Média) acontece no dia 15 de maio, na cidade de Gubbio. Três equipes de três

bairros da cidade carregam nos ombros uma estátua de madeira de quase cinco metros de altura, chamada *Ceri* (peça que enfeita o altar das igrejas), e, num ritmo alucinante, correm pelas ruas estreitas de Gubbio, até a colina onde está situada a Basílica de São Ubaldo.

dama, senhora	**madonna**
feira	**la fiera**
festa do padroeiro	**la sagra**
festa do 1º de maio	**il Calendimaggio**
procissão	**la processione**

Além das grandes festas tradicionais, em quase toda aldeia ou cidade pequena há uma festa em homenagem ao santo padroeiro *(sagra)*. Essas festas duram vários dias. Geralmente há uma procissão acompanhada de um coral de igreja e uma missa. Para as festividades é montada uma espécie de parque de diversões. As festas são sempre encerradas com uma queima de fogos em homenagem ao padroeiro.

terça-feira gorda	**il martedì grasso**
torneio	**la giostra**

La Quintana é uma competição de cavaleiros com origem na Idade Média, que ocorre uma vez por ano, no segundo domingo de setembro, em Foligno. É uma festa parecida com *La Giostra del Saracino*, corrida de lanças que acontece em setembro, em Arezzo.

torneio equestre em estilo medieval	**il palio**
Volta Ciclística da Itália	**il Giro d'Italia**

Na Itália, cada vez mais, os grandes supermercados têm oferecido produtos frescos e, com frequência, de boa qualidade, a preços mais em conta do que nas lojas do varejo. No balcão de frios e de queijos, o cliente não tem de pegar fila, mas retirar uma senha. Por meio do mostrador digital sobre o balcão, ele poderá avaliar o tempo que vai demorar para ser atendido e, eventualmente, ir comprando outros produtos.

Para conseguir competir com os supermercados, as pequenas lojas geralmente oferecem produtos alimentícios especiais, como presunto de carne de javali *(prosciutto di cinghiale)*, flores de abóbora *(fiori di zucca)* ou vinhos raros.

Perguntas

Estou procurando ...

O(A) senhor(a) já foi atendido?
La servono già?

Obrigado(a), só estou dando uma olhada.
Grazie, vorrei solo dare un'occhiata.

Eu queria ...
Vorrei ...

O(A) senhor(a) tem ...?
Ha ...?

Deseja mais alguma coisa?
Altro?

Negociando e comprando

Nas feiras, deve-se sempre pechinchar um pouco! Também se pode tentar pechinchar nas lojas de varejo, mas, nesse caso, será preciso pagar em dinheiro, como nas feiras.

Quanto custa?
Quanto costa? Quanto viene?

É muito caro!
È troppo caro!

O(A) senhor(a) não pode fazer um descontinho?
Un po' di sconto me lo dovrebbe fare però!

Sinto muito, mas os preços são fixos.
Mi dispiace, ma abbiamo prezzi fissi.

Pode ser ...?
È d'accordo se Le lascio ...?

Tudo bem.
D'accordo.

Bem, eu levo.
Bene, lo prendo.

O(A) senhor(a) aceita ...
Accetta ...

cartão de crédito?
carte di credito?

Em todas as compras, deve-se ficar atento ao recebimento da nota fiscal, que eventualmente deverá ser mostrada a um fiscal da Secretaria da Fazenda. Num perímetro de 100 metros do local da loja, poderá haver fiscalização.

Lojas

Por favor, onde posso encontrar ...?
Dove si può trovare ...?

Horário de funcionamento
Orari d'apertura

O horário de funcionamento das lojas é flexível. Nas praias, os supermercados ficam abertos direto das 8 h às 21 h; lojas especializadas às vezes fazem a pausa da sesta (das 13 h às 17 h), e, por isso, ficam abertas até as 23 h. Nas cidades, as lojas de departamentos geralmente ficam abertas das 8 h ou 9 h até as 20 h. Em regra, as lojas especializadas fazem um intervalo das 13 h às 16 h e fecham entre 19h30 e 20 h.

aperto	chiuso	chiuso per ferie
aberto	**fechado**	**fechado para férias**

açougue	**la macelleria**
agência de viagens	**l'agenzia *f* viaggi**
alfaiate	**il sarto**
brechó	**il rigattiere**
butique	**la boutique**
cabeleireiro	**il parrucchiere**
confeitaria, doceria	**la pasticceria**
costureira	**la sarta**
eletricista	**l'elettricista *m***
eletrodomésticos	**gli elettrodomestici**
farmácia	**la farmacia**
feira, mercado	**il mercato**

Nas feiras, além de produtos alimentícios, é possível comprar roupas, artigos de couro e produtos para o lar. Nas barracas de roupas, há peças de grandes grifes. Às vezes, trata-se de mercadorias descartadas por butiques finas. No entanto, na maioria das vezes, são apenas falsificações baratas.

floricultura	**il fioraio**
hortifrúti/quitanda	**il fruttivendolo**
joalheria	**la gioielleria**
jornaleiro	**il giornalaio**
lavanderia	**la lavanderia**
lavanderia automática	**la lavanderia a gettone**
leiteria	**la latteria**
livraria	**la libreria**
loja de antiguidades	**il negozio di antichità**
loja de artigos de couro	**la pelletteria**
loja de artigos esportivos	**gli articoli sportivi**
loja de artigos fotográficos	**gli articoli fotografici**

loja de artigos musicais	**il negozio di articoli musicali**
loja de bebidas alcoólicas	**la rivendita di prodotti alcolici, bottiglieria**
loja de brinquedos	**il negozio di giocattoli**
loja de calçados	**il negozio di calzature**
loja de departamentos	**il grande magazzino**

Há relativamente poucas lojas de departamentos na Itália, e elas estão localizadas apenas nas grandes cidades.

loja de doces	**il negozio di dolciumi**
loja de ferragens	**il negozio di ferramenta, la mesticheria**
loja de produtos dietéticos	**il negozio di prodotti dietetici**
loja de produtos orgânicos	**il negozio di prodotti biodinamici**
loja de *souvenirs*	**il negozio di souvenir**
loja de vinhos	**la fiaschetteria**
marchand	**il commerciante in oggetti d'arte**
mercado das pulgas	**il mercato delle pulci**
mercearia	**la drogheria, il negozio di generi alimentari**
mercearia fina	**il negozio di specialità gastronomiche**
ótica	**l'ottico** *m*
padaria	**il panificio**
papelaria	**la cartoleria**
peixaria	**la pescheria**
perfumaria	**la profumeria**
relojoeiro	**l'orologiaio** *m*
sapateiro	**il calzolaio**
supermercado	**il supermercato**

tabacaria	**il tabaccaio**
tinturaria	**la lavanderia a secco, la tintoria**

Livros, revistas e artigos de papelaria

Eu queria …
Vorrei …

um jornal.
un giornale.

uma revista.
una rivista.

um guia turístico.
una guida turistica.

um mapa das trilhas desta região.
una mappa dei sentieri di questa zona.

Livros, revistas e jornais

guia turístico	**la guida *f* turistica**
jornal	**il giornale**
livro de bolso	**il libro tascabile**
livro de culinária	**il libro di cucina**
mapa	**la carta geografica**
mapa da cidade	**la pianta della città**
mapa rodoviário	**la carta automobilistica**
revista	**la rivista, il rotocalco, il periodico**
romance	**il romanzo**
romance policial	**il (romanzo) giallo**

Artigos de papelaria

bloco (de papel)	**il blocco (di carta)**
caneta esferográfica	**la biro**
cartão-postal	**la cartolina illustrata**
envelope	**la busta**
lápis de cor	**la matita colorata**
papel	**la carta**
papel de carta	**la carta da lettere**
revista para colorir	**l'album** *m* **da colorare**

CDs e fitas cassete

➢ **ver também Artigos elétricos e eletrônicos, neste capítulo, e Concerto (no capítulo Entretenimento)**

O(a) senhor(a) tem CDs/fitas (cassete) de ...?
Ha dei CD/delle cassette di ...?

Eu gostaria de comprar um CD de música típica italiana.
Vorrei un CD con musica tipica italiana.

Posso ouvir uma faixa ou duas?
Potrei ascoltare un brano o due?

alto-falante	**l'altoparlante** *m*
CD	**il CD/compact disc**
disc man	**il lettore CD portatile**
disco	**il disco**
fita cassete	**la cassetta**
fone de ouvido	**la cuffia**
gravador	**il registratore a cassetta**
toca-CD	**il lettore compact disc**
walkman®	**il walkman**

Artigos de higiene e perfumaria

Na Itália, artigos de perfumaria e produtos de limpeza podem ser comprados nos supermercados, nas perfumarias, nas farmácias e em lojas de produtos para o lar *(mesticheria)*. Produtos para bebês (inclusive mamadeiras) e cosméticos podem ser comprados em farmácias. A *drogheria* italiana é uma espécie de mercearia, isto é, um estabelecimento que vende produtos alimentícios em geral. Nela, compram-se também comidas finas e condimentos.

absorventes higiênicos	**gli assorbenti**
acetona, removedor de esmalte	**l'acetone** *m*, **il solvente per smalto**
algodão (hidrófilo)	**il cotone idrofilo**
anticoncepcional, contraceptivo	**l'anticoncezionale** *m*
barbeador	**il rasoio**
batom	**il rossetto**
cotonetes®	**i bastoncini igienici**
creme	**la crema**
creme para as mãos	**la crema per le mani**
creme dental	**il dentifricio**
curativo adesivo, *band aid*®	**il cerotto**
desodorante	**il deodorante**
detergente	**il detersivo per le stoviglie**
elástico para prender os cabelos	**l'elastico** *m* **per capelli**
escova	**la spazzola**
escova de dentes	**lo spazzolino da denti**
escova para louça	**lo spazzolino per le stoviglie**
esmalte de unha	**lo smalto**

espelho	**lo specchio**
espuma de barbear	**la schiuma da barba**
fator de proteção solar	**il fattore protettivo**
fixador (de cabelos)	**il fissatore**
gel de banho	**il gel per la doccia**
gel para os cabelos	**il gel per capelli**
grampos de cabelo	**le mollette (per capelli)**
lâmina de barbear	**la lametta**
lenços de papel	**i fazzoletti di carta**
loção pós-barba	**la lozione dopobarba**
luva de banho	**il guanto di spugna, la manopola**
óleo bronzeador	**l'olio** *m* **solare**
pano para lavar louça	**lo straccio per lavare i piatti**
papel higiênico	**la carta igienica**
pente	**il pettine**
perfume	**il profumo**
pinça	**le pinzette** *(pl)*
pincel de barbear	**il pennello da barba**
pó de arroz	**la cipria**
preservativo	**il preservativo**
protetor diário *(de calcinha)*	**gli assorbenti sottili, i proteggi-slip**
protetor solar	**la crema solare**
rímel	**il mascara**
sabão para lavar roupa	**il detersivo**
sabonete	**il sapone**
talco	**il borotalco**
tampões, absorventes internos	**i tamponi**
tesoura de unha	**le forbici per le unghie**
xampu	**lo shampoo**

Artigos elétricos e eletrônicos

➢ **ver também Artigos de fotografia, CDs e fitas cassete**

adaptador	**l'adattatore** *m*
agenda eletrônica	**l'organizer** *m*
bateria/pilha	**la batteria**
calculadora de bolso	**la calcolatore tascabile**
carregador	**l'apparecchio** *m* **carica-batterie**
despertador	**la sveglia**
extensão	**il cavo di prolungamento, la prolunga**
gameboy®	**il gameboy**
lâmpada	**la lampadina (ad incandescenza)**
notebook	**il notebook**
pager, bip	**il pager**
plugue	**la spina**
secador de cabelos	**il fon**
tomada	**la presa**

Artigos de fotografia

➢ **ver também Filmando e fotografando (capítulo Coisas importantes em geral)**

Eu queria ...
Vorrei ...

um filme para esta máquina.
una pellicola per questa macchina.

um filme colorido (para diapositivos/*slides*).
una pellicola a colori (per diapositive).

um filme de 36/20/12 poses.
una pellicola da 36/20/12 fotografie.

... não está funcionando.
... non funziona.

Isto não está funcionando. O(A) senhor(a) poderia consertá-lo(a), por favor?
Questo non funziona, me lo può riparare per favore?

câmera de vídeo	**la videocamera**
disparador	**lo scatto**
disparador automático	**l'autoscatto** *m*
filme de vídeo	**il videofilm**
filme preto e branco	**la pellicola in bianco e nero**
flash	**il flash**
fotômetro	**l'esposimetro** *m*
lente	**la lente**
máquina fotográfica digital	**la macchina fotografica digitale**
objetiva	**l'obiettivo** *m*
Polaroide®	**la macchina fotografica a sviluppo immediato**
sensibilidade do filme	**la sensibilità del film**
teleobjetiva	**il teleobiettivo**
tripé	**il treppiedi**
videocassete	**la videocassetta, il videoregistratore**
visor	**il mirino**

Cabeleireiro

Lavar e secar, por favor.
Shampoo e fon, per favore.

Cortar e/sem lavar, por favor.
Tagliare e/senza lavare, per favore.

Eu queria ...
Vorrei ...

Só as pontas.
Solo le punte.

Não muito curto/Bem curto/Um pouco mais curto, por favor.
Non troppo corti/Molto corti/Un po' più corti, per favore.

Deixe as orelhas de fora/cobertas.
Le orecchie devono essere scoperte/coperte.

Barba, por favor.
La barba, per favore.

Apare a barba, por favor.
Mi spunti la barba, per favore.

Obrigado(a). Assim está bom.
Grazie. Va bene così.

aplique	**il toupet**
barba	**la barba**
bigode	**i baffi** *(pl)*
bobes, bigudis	**i bigodini**
cabeleireiro	**il parrucchiere**
cabelo	**i capelli** *(pl)*
cabelo oleoso	**i capelli** *(pl)* **grassi**
cabelo seco	**i capelli** *(pl)* **secchi**
cachos	**i ricci**
caspa	**la forfora**
corte em camadas, corte repicado	**il taglio scalato**
costeletas	**le basette**
fazer *mise-en-plis*	**mettere in piega**
fazer um penteado	**pettinare**

franja	la frangetta
lavagem	lo shampoo
loiro, louro	il biondo
mechas, reflexos	le meches, i colpi di sole
penteado	la pettinatura
permanente	la permanente
peruca	la parrucca
risca	la riga
secar	asciugare con il fon
tingir	tingere

Produtos para o lar

abridor de garrafas	l'apribottiglie *m*
abridor de latas	l'apriscatole *m*
álcool	lo spirito industriale
alfinete de segurança	lo spillo di sicurezza
barbante	lo spago
bolsa térmica	la borsa frigo
canivete	il temperino, il coltello tascabile
carvão	la carbonella
combustível sólido	il combustibile solido
cooler, bolsa/barra térmica	la piastra refrigerante
copo	il bicchiere
fio	il filo
garrafa térmica	il termos
grelha	la griglia
guardanapos de papel	i tovagliolini di carta
papel-alumínio	il foglio di alluminio
papel-filme	la pellicola (per la conservazione dei cibi)

petróleo	**il petrolio**
pregador, prendedor de roupa	**la molletta (per stendere la biancheria)**
saca-rolhas	**il cavatappi**
saco de lixo	**il sacco delle immondizie**
saco plástico	**il sacchetto di plastica**
tesoura	**le forbici** *(pl)*
varal	**la corda per stendere il bucato**
velas	**le candele**

Produtos alimentícios

O que o(a) senhor(a) deseja?
Cosa desidera?

Dê-me, por favor, ...
Mi dia ..., per favore.

um quilo de ...
un chilo di ...

dez fatias de ...
10 fette di ...

um pedaço de ...
un pezzo di ...

um pacote de ...
un pacco di ...

um copo de ...
un bicchiere di ...

uma lata de ...
una scatola di ...

uma garrafa de ...
una bottiglia di ...

um saco, uma sacola.
un sacchetto, una sportina.

Pode passar um pouco?
È un po' di più, è lo stesso?

Posso dar uma experimentadinha?
Ne posso assaggiare un po'?

É só isso, obrigado(a).
Nient'altro, grazie.

Frutas	La frutta
cultivado com agrotóxico	**trattato con anticrittogamici**
fresco	**fresco**
abacate	**l'avocado** *m*
abacaxi	**l'ananas** *m*
abricós	**le albicocche**
ameixas	**le prugne**
amoras	**le more**
bananas	**le banane**
caqui	**il cachi**
cerejas	**le ciliegie**
coco	**la noce di cocco**
figo-da-índia	**il fico d'India**
figos	**i fichi**
framboesas	**i lamponi**
fruta	**la frutta**
groselha	**uva spina**
laranjas	**le arance**
limões	**i limoni**
maçãs	**le mele**

melancia	**l'anguria** *f*, **il cocomero**
melão	**il melone, il popone**
mirtilos	**i mirtilli**
morangos	**le fragole**
nêsperas	**le nespole**
peras	**le pere**
pêssegos	**le pesche**
tâmaras	**i datteri**
tangerinas	**i mandarini**
toranja	**il pompelmo**
uva	**l'uva** *f*

Legumes — La verdura

abóbora	**la zucca**
acelga	**la bietola**
aipo	**il sedano**
alcachofras	**i carciofi**
alho	**l'aglio** *m*
alho-poró	**il porro**
aspargos	**gli asparagi**
azeitonas	**le olive**
batatas	**le patate**
berinjelas	**le melanzane**
cebolas	**le cipolle**
cenouras	**le carote**
couve	**il cavolo**
couve-flor	**il cavolfiore**
endívia	**l'indivia** *f* **del Belgio**
erva-doce	**il finocchio**
ervilhas	**i piselli**
espinafre	**gli spinaci** *(pl)*

feijões	**i fagioli**
feijões brancos	**i fagioli bianchi**
grão-de-bico	**i ceci**
lentilhas	**le lenticchie**
milho	**il mais, il granturco**
nabo	**la rapa**
pepino	**il cetriolo**
pimentão	**il peperone**
rúcula	**la rucola**
salada	**l'insalata** *f*
alface	**l'insalata** *f* **verde, la lattuga**
brotos de alcachofra, de cardo	**i gobbi, i cardi**
tomates	**i pomodori**
vagens	**i fagiolini**
valeriana	**la valeriana**
verdura	**la verdura**

Padaria, confeitaria … / I dolci e dolciumi …

balas	**le caramelle**
biscoitos, bolachas	**i biscotti**
bolo	**la torta**
chocolate	**la cioccolata**
doce	**il dolce**
doces	**i dolciumi**
docinho de chocolate	**il dolcetto di cioccolata**
flocos de aveia	**i fiocchi d'avena**
geleia	**la marmellata**
goma de mascar	**la gomma da masticare**
müsli	**il müesli**

pão	**il pane**
pão branco	**il pane bianco**
pão misto de centeio e trigo	**il pane misto di segale e frumento**
pão preto	**il pane nero**
pãozinho	**il panino**
sanduíches	**i panini imbottiti**
sorvete	**il gelato**
torrada	**il toast**
torta	**la torta**

Ovos e laticínios / Le uova e i latticini

creme, nata	**la panna**
chantili	**la panna montata**
creme de leite	**la panna da cucina**
iogurte	**lo iogurt**
leite	**il latte**
leite desnatado	**il latte magro**
leite integral	**il latte intero**
manteiga	**il burro**
ovos	**le uova**
queijo	**il formaggio**
queijo de cabra	**il formaggio di capra**
queijo pecorino *(queijo de ovelha)*	**il pecorino**
ricota (feita com leite de ovelha)	**la ricotta di pecora**

Carnes e embutidos	La carne ed i salumi
carne	**la carne**
carne de carneiro/ de carneiro capado	**la carne di montone/castrato**
carne de cordeiro	**la carne d'agnello**
carne de javali	**il cinghiale**
carne de porco	**la carne di maiale**
carne de vaca	**la carne di manzo**
carne de vitela	**la carne di vitello**
carne moída	**la carne macinata**
coelho	**il coniglio**
coppa	**la coppa**
costeleta	**la costoletta**
embutidos	**le salsicce**
frango	**il pollo**
leitão assado	**la porchetta**
lombo de porco	**l'arista** *f*
mortadela com/sem pistache	**la mortadella con/senza pistacchi**
patê de fígado	**pasticcio di fegato**
picadinho	**lo spezzatino**
presunto	**il prosciutto**
bresaola (carne salgada da região dos Alpes)	**la bresaola**
presunto cozido	**il prosciutto cotto**
presunto cru	**il prosciutto crudo**
presunto de Parma	**il prosciutto di Parma**
salame	**il salame**
salsicha, salsichão	**il wurstel**

Peixe e frutos do mar | Il pesce ed i frutti di mare

Peixe e frutos do mar	Il pesce ed i frutti di mare
anchovas	**le acciughe**
arenque	**l'aringa** *f*
atum	**il tonno**
bacalhau	**il baccalà**
camarões	**i gamberetti**
caranguejos	**i granchi**
cavala	**lo sgombro**
dourada	**l'orata** *f*
enguia	**l'anguilla** *f*
linguado	**la sogliola**
lubina	**il branzino**
lula	**la seppia, il calamaro**
mexilhões	**i mitili, le cozze**
ostras	**le ostriche**
peixe	**il pesce**
peixe-espada	**il pesce spada**
perca	**il pesce persico**
polvo	**il polpo**
salmonete	**la triglia**
sardinha	**la sarda**
vôngole	**le vongole**

Especiarias e ervas aromáticas | Le spezie e le erbe aromatiche

Especiarias e ervas aromáticas	Le spezie e le erbe aromatiche
açafrão	**lo zafferano**
alecrim	**il rosmarino**
cominho	**il cumino**
cravo-da-índia	**i chiodi** *(pl)* **di garofani**

ervas	**le erbette**
louro	**l'alloro** *m*
manjericão	**il basilico**
noz-moscada	**la noce moscata**
páprica	**la paprica**
pimenta	**il pepe**
sal	**il sale**
salsa	**il prezzemolo**
salva, sálvia	**la salvia**
tomilho	**il timo**

Um pouco de tudo — Un po' di tutto

açúcar	**lo zucchero**
amêndoas	**le mandorle**
arroz	**il riso**
azeite de oliva	**l'olio** *m* **d'oliva**
conservas, enlatados	**le conserve, lo scatolame**
farinha	**la farina**
maionese	**la maionese**
margarina	**la margarina**
massa	**la pasta**
espaguete	**gli spaghetti**
mel	**il miele**
mostarda	**la senape, la mostarda**
nozes	**le noci**
óleo	**l'olio** *m*
sal	**il sale**
sopa	**la minestra**
vinagre	**l'aceto** *m*

Bebidas	**Le bevande**
água mineral	**l'acqua** *f* **minerale**
café	**il caffè**
cerveja	**la birra**
cerveja sem álcool	**la birra analcolica**
chá	**il tè**
saquinho de chá	**la bustina di tè**
champanhe	**lo champagne**
limonada	**la limonata**
suco de laranja	**il succo d'arancia**
vinho	**il vino**
vinho branco	**il vino bianco**
vinho *rosé*	**il vino rosato**
vinho tinto	**il vino rosso**

Moda

➢ **ver também Cores (capítulo Generalidades)**

Lembre-se de que há diferenças entre as numerações da Itália e do Brasil. Portanto, convém sempre provar as roupas ou sapatos que você for comprar.

Roupas

O(A) senhor(a) poderia me mostrar ...?
Mi può mostrare ...?

Posso experimentar?
Posso provarlo/-la/-li/-le?

Que tamanho o(a) senhor(a) usa?
Che taglia porta?

Ficou muito ... para mim.
Questo mi è troppo ...

apertado/largo.
stretto/largo.

curto/comprido.
corto/lungo.

pequeno/grande.
piccolo/grande.

Ficou bom. Vou levar.
Va bene. Lo prendo.

Não é exatamente o que eu queria.
Non è proprio quello che volevo.

algodão	**il cotone**
anoraque	**la giacca a vento**
biquíni	**il bikini**
blazer	**il blazer**
blusa	**la camicetta**
body (corpete de *lingerie*)	**il body**
boné	**il berretto**
calção de banho, sunga	**il costume da bagno**
calças	**i pantaloni, i calzoni**
calças de esqui	**i pantaloni da sci**
calças de *training*	**i calzoni della tuta**
(calças) *jeans*	**i jeans**
calças *fuseau*, calças *legging*	**i fuseaux**
calcinha	**le mutande** *(pl)*, **lo slip**
camisa	**la camicia**

camiseta	**la maglietta**
camiseta sem manga	**la maglietta, la canottiera**
capa de chuva	**l'impermeabile** *m*
casaco	**la giacca**
casaco de lã	**la giacca di lana, il golf**
chapéu	**il cappello**
chapéu de sol	**il cappello da sole**
colete	**il gilè**
cueca	**lo slip, le mutande** *(pl)*
echarpe	**la sciarpa**
foulard	**il foulard**
gravata	**la cravatta**
gravata-borboleta	**il papillon, la farfalla**
guarda-chuva	**l'ombrello** *m*
lã	**la lana**
linho	**il lino**
luvas	**i guanti**
maiô	**il costume da bagno**
mangas	**le maniche**
meia-calça	**il collant, la calzamaglia**
meias	**le calze**
meias de seda	**le calze di seta**
meias soquete	**i calzini**
pulôver	**il pullover, il maglione**
roupa de baixo, roupa íntima	**la biancheria intima**
roupão de banho	**l'accappatoio** *m*
saia	**la gonna**
seda	**la seta**
shorts	**i pantaloncini, gli shorts**
sobretudo	**il cappotto, il soprabito**
sutiã	**il reggiseno**

tailleur	**il tailleur**
terno	**l'abito** *m*
touca de banho	**la cuffia**
training	**la tuta da ginnastica**
vestido	**il vestito**
xale	**lo scialle**

Lavanderia

Eu gostaria de mandar lavar a seco/lavar estas roupas.
Vorrei far lavare a secco/lavare questa roba.

Quando ficarão prontas?
Quando sarà pronta?

lavar a seco	**lavare/pulire a secco**
passar (a ferro)	**stirare**
roupa lavada	**il bucato**

Artigos de ótica

O(A) senhor(a) poderia consertar estes óculos/a armação para mim, por favor?
Mi potrebbe aggiustare, questi occhiali/la montatura, per favore?

Tenho miopia/presbiopia.
Sono miope/presbite.

Qual é a sua acuidade visual?
Che capacità visiva ha?

à direita ..., à esquerda ...
a destra ..., a sinistra ...

Quando posso vir buscar os óculos?
Quando posso venire a prendere gli occhiali?

Preciso de ...
Ho bisogno di ...

solução para conservação.
soluzione per la conservazione.

solução para limpeza.
soluzione detergente.

de lentes de contato duras/gelatinosas.
per lenti a contatto rigide/morbide.

Eu queria ...
Vorrei ...

um óculos de sol.
un paio di occhiali da sole.

uma luneta.
un cannocchiale.

Calçados e artigos de couro

Quero um par de sapatos ...
Vorrei un paio di scarpe da ...

Calço (número) ...
Ho il numero ...

Estão me machucando.
Mi fanno male.

Estão muito grandes.
Stanno troppo larghe.

bolsa	**la borsa**
bolsa a tiracolo	**la borsa a tracolla**

bolsa de viagem	**la borsa da viaggio**
botas	**gli stivali**
botas de borracha	**gli stivali di gomma**
botas de esqui	**gli scarponi da sci**
cadarço	**il laccio/la stringa per scarpe**
calças de couro	**i calzoni di pelle**
casaco de couro	**il cappotto di pelle**
chinelos	**le scarpe da bagno**
cinto	**la cintura**
escova para sapatos	**la spazzola da scarpe**
graxa de sapato	**il lucido per scarpe**
jaqueta de couro	**la giacca di pelle**
mala	**la valigia**
mochila	**lo zaino**
salto	**il tacco**
sandálias	**i sandali**
sandálias de praia	**le scarpe da spiaggia**
sapato	**la scarpa**
sola	**la suola**
tênis	**le scarpe da ginnastica**

Souvenirs

Eu queria ...
Vorrei ...

um *souvenir*/um presente bonito.
un bel ricordo/regalo.

algo típico desta região.
un oggetto tipico della zona.

Quanto o(a) senhor(a) quer gastar?
Quanto vuole spendere?

Quero gastar o justo.
Vorrei spendere il giusto.

Isto é bem bonitinho.
Questo sì che è carino.

Obrigado(a), mas não achei nada que me agrade.
Grazie, ma non ho trovato niente che mi piaccia.

amuleto	**il portafortuna**
bibelô	**il soprammobile**
bordados	**i ricami**
caneca	**il boccale**
cerâmica	**la ceramica**
chapéu florentino	**il cappello fiorentino**
charrete siciliana	**il carro siciliano**
feito à mão	**lavorato a mano**
garrafa empalhada	**il fiasco**
genuíno, autêntico	**vero, puro**
joias	**i gioielli**
joias de coral	**i gioielli di corallo**
lembrancinha	**il regalino**
loja de produtos folclóricos	**il negozio con oggetti folcloristici**
louças	**il vasellame**
produtos/especialidades da região	**i prodotti/le specialità regionali**
talha	**l'intaglio** *m*
trabalhos em alabastro	**i lavori in alabastro**
trabalhos em mármore	**i lavori in marmo**
vidrilhos, miçangas	**le conterie**

Artigos de tabacaria

A placa com um grande "T" branco sobre um fundo azul indica máquina automática de venda de cigarros. Artigos de tabacaria podem ser encontrados nos locais onde se compram selos, passagens de ônibus, cartões de telefone e de celulares. Bares e bancas de jornal geralmente têm licença para vender artigos de tabacaria e selos.

Um maço/Um pacote de ... com/sem filtro, por favor.
Un pacchetto/Una stecca di ... con/senza filtro, per favore.

Dez charutos/cigarrilhas, por favor.
Dieci sigari/sigaretti, per favore.

Um pacote/Uma lata de fumo para cigarros/cachimbo, por favor.
Un pacchetto/Una scatola di tabacco per sigarette/per la pipa, per favore.

Uma caixa de fósforos/Um isqueiro, por favor.
Una scatola di fiammiferi/Un accendino, per favore.

charuto	**il sigaro**
cigarrilha	**il sigaretto**
cigarro	**la sigaretta**

Relógios e joias

anel	**l'anello** *m*
bijuteria	**la bigiotteria**
brincos	**gli orecchini**
broche	**la spilla**

colar	**la collana**
corrente	**la catena**
cristal	**il cristallo**
joia	**il gioiello**
ouro	**l'oro** *m*
pérola	**la perla**
pingente	**il ciondolo**
prata	**l'argento** *m*
pulseira	**il braccialetto**
relógio de pulso	**l'orologio** *m* **da polso**
turquesa	**la turchese**

SAÚDE

Recomendamos que se faça um plano de assistência médica, um seguro internacional antes da viagem. Em todos os hospitais, há ambulatórios. Os médicos que atendem pacientes de seguradoras prestam serviços em horários fixos, nos centros ambulatoriais *(ambulatori)*. Informações sobre a tabela de horários podem ser obtidas nesses centros ambulatoriais ou nas farmácias. Organizações religiosas, como a *Misericordia*, também possuem ambulatórios equipados; a lista dos plantões dos especialistas está afixada na entrada desses ambulatórios. De qualquer forma, convém informar-se junto aos funcionários se a lista está atualizada. Para que o médico se desloque até onde está o paciente, é preciso pagar à parte. No caso de enfermidades mais simples, é possível obter indicação de medicação na própria farmácia.

Na farmácia

Onde fica a farmácia (de plantão) mais próxima, por favor?
Dov'è la farmacia (di turno) più vicina?

Por favor, dê-me algo contra ...
Mi dia qualcosa contro ..., per favore.

Este remédio só é vendido com receita médica.
Questo medicinale è soggetto a prescrizione medica.

➢ **ver também Consulta médica**

algodão (hidrófilo)	**il cotone idrofilo**
analgésicos, comprimidos contra dor	**gli analgesici, le compresse contro il dolore**
antibiótico	**l'antibiotico** *m*

anticoncepcional	**l'anticoncezionale** *m*
antisséptico	**il disinfettante**
aspirina®	**l'aspirina** *f*
calmante	**il calmante**
(chá de) camomila	**la camomilla**
colírio	**le gocce per gli occhi, il collirio**
comprimido	**la compressa, la pasticca, la pillola**
comprimidos contra dor de cabeça	**le compresse contro il mal di testa**
curativo adesivo, *band-aid*®	**il cerotto**
digestivo em gotas	**il digestivo in gocce**
faixa elástica	**la benda elastica**
gaze	**la fascia di garza**
glucose	**il glucosio**
gotas para dor de ouvido	**le gocce per gli orecchi**
inseticida	**l'insetticida** *m*
insulina	**l'insulina** *f*
laxante	**il lassativo**
medicamento	**il medicinale, la medicina, il farmaco**
pastilhas para a garganta	**le pastiglie per la gola**
pílulas anticoncepcionais	**le pillole anticoncezionali**
pomada	**la pomata**
pomada para queimaduras	**la pomata per le scottature**
prescrição, receita médica	**la ricetta**
preservativo	**il preservativo, il profilattico**
queimadura (de sol)	**la scottatura (solare)**
remédio	**la medicina, il farmaco**
(remédio em) gotas	**le gocce**
remédio para problemas circulatórios	**il medicamento per disturbi circolatori**
soníferos	**i sonniferi**
supositório	**la supposta**

talco	**il borotalco**
termômetro	**il termometro**
tintura de iodo	**la tintura di iodio**
xarope (contra tosse)	**lo sciroppo (contro la tosse)**

Foglio illustrativo	**Bula**
la composizione	composição
le indicazioni terapeutiche	indicações
le controindicazioni	contraindicações
effetti secondari/indesiderati	reações adversas/efeitos colaterais
le interazioni	interações medicamentosas
le precauzioni d'impiego	precauções de uso
Posologia:	**Posologia:**
viene somministrato una/ più volte al giorno	tomar uma vez/várias vezes ao dia
1 compressa	1 comprimido
20 goccie	20 gotas
1 misurino	1 medida
prima dei pasti	antes das refeições
dopo i pasti	após as refeições
a stomaco vuoto	em jejum
viene somministrato con un po' di liquido senza masticare	com um pouco de água e sem mastigar
diluire in a.cqua	diluir em água
far sciogliere in bocca	deixar dissolver na boca
applicare uno strato sottile sulla pelle e frizionare	aplicar uma camada fina sobre a pele e friccionar

i lattanti	lactentes
i bambini piccoli	crianças pequenas
(fino a circa … anni)	(até … anos)
gli scolari	crianças em idade escolar
gli adolescenti	adolescentes
gli adulti	adultos
Tenere fuori dalla portata dei bambini!	Manter fora do alcance de crianças!

Consulta médica

➢ **ver também Viajando com crianças**

O(A) senhor(a) poderia me indicar um bom …
Mi può consigliare un buon …

clínico geral?
medico generico?

dentista?
dentista?

dermatologista?
dermatologo?

ginecologista?
ginecologo?

médico?
medico?

oftalmologista?
oculista?

otorrinolaringologista?
otorinolaringoiatra?

pediatra?
pediatra?

urologista?
urologo?

Onde fica o consultório?
Dov'è il suo ambulatorio?

Queixas

Qual é o problema?
Che disturbi ha?

Estou com febre.
Ho la febbre.

Sinto-me mal/Tenho tonturas com frequência.
Spesso mi sento male/mi gira la testa.

Desmaiei.
Sono svenuto(a).

Estou muito resfriado(a).
Sono molto raffreddato(a).

Estou com dor de cabeça/dor de garganta.
Ho mal di testa/mal di gola.

Estou com tosse.
Ho la tosse.

Fui picado(a)/mordido(a).
Sono stato punto(a)/morso(a).

Estou com indigestão.
Ho fatto un'indigestione.

Estou com diarreia/prisão de ventre.
Soffro di diarrea/costipazione.

Estou com problemas de digestão./Não estou aguentando o calor.
Digerisco male./Non sopporto il caldo.

Eu me machuquei.
Mi sono fatto(a) male.

Levei um tombo.
Sono caduto(a).

O(A) senhor(a) poderia me dar/receitar algo contra ...?
Mi può dare/prescrivere qualcosa contro ...?

Normalmente tomo ...
Di solito prendo ...

Tenho pressão alta/baixa.
Ho la pressione alta/bassa.

Sou diabético(a).
Sono diabetico(a).

Estou grávida.
Sono incinta.

Há pouco tempo tive/fiquei com ...
Poco tempo fa ho ...

Consulta

Onde dói?
Dove fa male?

Sinto dores aqui.
Ho dei dolori qui.

Tire a roupa, por favor./Arregace a manga, por favor.
Si spogli, per favore./Si scopra il braccio, per favore.

Respire fundo. Prenda a respiração, por favor.
Respiri profondamente. Trattenga il respiro, per favore.

É preciso fazer uma radiografia.
Bisogna fare una radiografia.

Preciso fazer um exame de sangue/urina.
Ho bisogno dell'esame del sangue/dell'urina.

O(A) senhor(a) precisa ser operado(a).
Deve essere operato(a).

O(A) senhor(a) deve ficar de repouso por alguns dias.
Deve stare a letto per qualche giorno.

Não é nada grave.
Non è niente di grave.

O(A) senhor(a) tem um certificado de vacinação?
Ha un certificato di vaccinazione?

Sou vacinado contra …
Sono vaccinato contro …

No hospital

Quanto tempo terei de ficar aqui?
Per quanto tempo devo stare qui?

Não consigo dormir. O(A) senhor(a) poderia me dar um analgésico/sonífero?
Non riesco ad addormentarmi. Potrebbe darmi delle compresse contro il dolore/un sonnifero.

Quando poderei me levantar?
Quando potrò alzarmi?

Doenças e queixas

aborto	**l'aborto** *m*
abscesso	**l'ascesso** *m*
aids	**l'Aids** *m/f*
alergia	**l'allergia** *f*
amigdalite	**la tonsillite**
angina	**l'angina** *f*
apendicite	**l'appendicite** *f*
apoplexia	**l'apoplessia** *f* **cerebrale**
asma	**l'asma** *m/f*
ataque cardíaco	**l'attacco** *m* **cardiaco**
azia	**l'acidità** *f* **di stomaco**
bronquite	**la bronchite**
cãibra	**il crampo**
calafrios	**i brividi**
cálculo renal	**il calcolo renale**
câncer	**il cancro**
ciática	**la sciatica**
cólera	**il colera**
cólica	**la colica**
comoção cerebral	**la commozione cerebrale**
contagioso	**contagioso**
contusão	**la contusione**
coqueluche	**la pertosse**
corte	**la ferita da taglio**
derrame cerebral	**il colpo apoplettico**
deslocado	**slogato**
desmaio	**lo svenimento**
diabetes	**il diabete**
diarreia	**la diarrea**
dificuldade respiratória	**la difficoltà di respirazione**

difteria	**la difterite**
distensão	**lo stiramento**
doença, enfermidade	**la malattia**
doença venérea	**la malattia venerea**
doer	**far male**
dor de cabeça	**il mal di testa**
dor de estômago	**il mal di stomaco**
dor de garganta	**il mal di gola**
dores	**i dolori**
dores nas costas	**il dolore alla schiena**
envenenamento	**l'avvelenamento** *m*
enxaqueca	**l'emicrania** *f*
erupção cutânea	**l'eruzione** *f* **cutanea, l'esantema** *m*
estar rouco	**avere la voce rauca**
falta de apetite	**la mancanza d'appetito**
febre	**la febbre**
febre amarela	**la febbre gialla**
febre do feno	**il raffreddore da fieno**
ferida	**la ferita**
ferimento	**la ferita**
ferir, machucar	**ferire**
flatulência	**la flatulenza**
fratura	**la frattura**
fratura óssea	**la frattura ossea**
gripe	**l'influenza** *f*
hemorragia	**l'emorragia** *f*
hemorragia nasal	**l'emorragia** *f* **nasale**
hemorroidas	**le emorroidi**
hérnia	**l'ernia** *f*
hérnia inguinal	**l'ernia** *f* **inguinale**
icterícia	**l'itterizia** *f*
inchaço	**il gonfiore, la tumefazione**

inchado	**gonfio**
indigestão	**l'indigestione** *f*
infarto	**infarto**
infecção	**l'infezione** *f*
inflamação	**l'infiammazione** *f*
insolação	**il colpo di sole**
insônia	**l'insonnia** *f*
insuficiência cardíaca	**il difetto cardiaco**
intoxicação alimentar	**l'intossicazione** *f* **da alimenti**
lumbago	**la lombaggine**
malária	**la malaria**
náusea	**la nausea**
nefrite	**la nefrite**
otite	**l'otite** *f*
paralisia	**la paralisi**
pneumonia	**la polmonite**
poliomielite	**la polio(mielite)**
pontada	**le fitte al fianco**
prisão de ventre	**la costipazione, la stitichezza**
problemas cardíacos	**i disturbi cardiaci**
problemas circulatórios	**i disturbi circolatori**
quebrado	**rotto**
queimadura	**l'ustione** *f*
queimadura (de sol)	**la scottatura (solare)**
resfriado	**il raffreddore**
reumatismos	**i reumatismi**
ruptura de ligamentos	**lo strappo dei legamenti**
septicemia	**la setticemia**
ser alérgico a …	**essere allergico a …**
sinusite	**la sinusite**
tétano	**il tetano**
tifo	**il tifo**

tontura, vertigem	**le vertigini** *(pl)*
tumor	**il tumore**
úlcera	**l'ulcera** *f*
varíola	**il vaiolo**

Corpo – médico – hospital

abdome	**l'addome** *m*
amígdalas	**le tonsille**
anestesia	**l'anestesia** *f*
apêndice	**l'appendice** *f*
administração (de remédios, alimentação etc.) por via intravenosa, parenteral	**la fleboclisi, l'ipodermoclisi** *f*
articulação	**l'articolazione** *f*
atestado	**il certificato**
barriga	**il ventre**
bexiga	**la vescica**
boca	**la bocca**
braço	**il braccio**
brônquios	**i bronchi**
by-pass	**il bypass**
cabeça	**la testa**
caderneta de vacinação	**il libretto di vaccinazione**
cardiologista	**il cardiologo**
carteira do seguro	**il buono per le cure mediche**
cérebro	**il cervello**
certificado	**il certificato**
cicatriz	**la cicatrice**
cirurgião	**il chirurgo**
clavícula	**la clavicola**
coluna vertebral	**la spina dorsale, la colonna vertebrale**

coração	**il cuore**
costas	**la schiena** *(sing)*
costela	**la costola**
dedo	**il dito**
desinfetar	**disinfettare**
diagnóstico	**la diagnosi**
dieta	**il regime, la dieta**
digestão	**la digestione**
doente	**malato**
enfaixar	**fasciare**
enfermeira	**l'infermiera** *f*
esôfago	**l'esofago** *m*
especialista	**lo specialista**
espinha dorsal	**la spina dorsale**
estômago	**lo stomaco**
evacuação	**l'evacuazione** *f*
exame, análise	**l'esame** *m*
fígado	**il fegato**
garganta	**la gola**
gravidez	**la gravidanza**
grupo sanguíneo	**il gruppo sanguigno**
horário de atendimento	**l'orario** *m* **di visita**
horário de visita	**l'orario** *m* **di visita**
hospital	**l'ospedale** *m*
inconsciente	**privo di sensi**
injeção	**l'iniezione** *f*, **la puntura**
intestino	**l'intestino** *m*
joelho	**il ginocchio**
kit de primeiros socorros	**il materiale di pronto soccorso**
lábio	**il labbro**
língua	**la lingua**
mão	**la mano**

marca-passo	**il cardiostimolatore, il pacemaker**
menstruação	**la mestruazione**
músculo	**il muscolo**
nariz	**il naso**
nervo	**il nervo**
nervoso	**nervoso**
olhos	**gli occhi**
ombro	**la spalla**
operação	**l'operazione** *f*
orelha	**l'orecchio** *m*
órgãos genitais	**gli organi genitali**
osso da munheca	**la nocella**
osso	**l'osso** *m*
ouvido	**l'udito** *m*
pé	**il piede**
peito	**il petto**
pele	**la pelle**
perna	**la gamba**
pescoço	**il collo, la gola**
ponto	**il punto**
prescrever, receitar	**prescrivere**
pressão arterial/sanguínea (alta/baixa)	**la pressione sanguigna (alta/bassa)**
prótese	**la protesi**
pulmão	**il polmone**
pulso	**il polso**
punção	**la puntura**
pus	**il pus**
quadril	**l'anca** *f*
radiografar	**radiografare**
radiografia	**la radiografia**
respirar	**respirare**

rim	**il rene**
rosto	**la faccia**
sala de espera	**la sala d'aspetto**
sangrar	**sanguinare**
sangue	**il sangue**
seguro-saúde	**la cassa malattia**
seringa	**la siringa**
setor	**il reparto**
suar	**sudare**
suturar	**cucire**
tala	**la stecca**
tíbia	**la tibia**
tímpano	**la membrana del timpano**
tornozelo	**il malleolo**
tosse	**la tosse**
ultrassonografia	**l'esame** *m* **con ultrasuoni**
urina	**l'urina** *f*
vacinação	**la vaccinazione**
vesícula biliar	**la cistifellea**
vírus	**il virus**
vomitar	**vomitare**

No dentista

Estou com (muita) dor de dente.
Ho (un forte) mal di denti.

Este dente (de cima/de baixo/da frente/de trás) está doendo.
Questo dente (di sopra/di sotto/davanti/in fondo) fa male.

Caiu a obturação.
La piombatura è andata via.

Quebrei um dente.
Mi si è rotto un dente.

Farei apenas um tratamento provisório.
Faccio soltanto un trattamento provvisorio.

Por favor, me dê/não me dê anestesia.
Mi faccia una puntura./Non mi faccia la puntura.

coroa	**la corona**
dente	**il dente**
dente do siso	**il dente del giudizio**
dor de dente	**il mal di denti**
extrair	**estrarre**
cárie	**la carie**
gengiva	**la gengiva**
maxilar	**la mascella**
obturação	**la piombatura**
prótese	**la protesi**

Coisas importantes em geral

Para trocar dinheiro, é necessário sempre mostrar o passaporte e fornecer o endereço do hotel em que se está hospedado. Alguns bancos têm porta com detector de metais; nesses casos, para entrar, é preciso depositar todos os objetos metálicos em um escaninho. Um alto-falante indica o lugar do escaninho.
Antes do almoço, os bancos ficam abertos de três a quatro horas; depois do almoço, em geral apenas uma hora. Aos sábados, domingos e feriados os bancos não abrem, mas é possível tirar dinheiro nos caixas eletrônicos que têm o símbolo EC.

Banco

Por favor, há algum banco aqui perto?
Per favore, c'è una banca qui vicino?

Eu queria trocar ... dólares por euros.
Vorrei cambiare ... dollari in euro.

Qual é a taxa de câmbio hoje?
Quant'è oggi il cambio?

Gostaria de descontar ...
Vorrei incassare ...

este cheque de viagem/*traveler's check*.
questo assegno turistico.

Qual é o valor máximo por cheque?
Qual è l'importo massimo per un assegno?

Seu cartão de banco, por favor.
La carta assegni, per favore.

Por favor, posso ver ...?
Potrei vedere per favore ...

sua carteira de identidade?
la Sua carta d'identità?

seu passaporte?
il Suo passaporto?

Assine aqui, por favor.
Firmi qui, per favore.

assinatura	**la firma**
banco	**la banca**
caixa eletrônico	**la cassa automatica prelievi, il banco mat, lo sportello automatico**
câmbio	**il cambio**
cartão *(do banco, magnético etc.)*	**la tessera**
cartão de banco	**la carta assegni**
cartão de crédito	**la carta di credito**
cartão pré-pago	**la tessera a scalare**
cheque	**l'assegno** *m*
emitir um cheque	**rilasciare un assegno**
cheque de viagem, *traveler's check*	**l'assegno** *m* **turistico, il traveller's chèque**
comissões	**i diritti fissi**
conta	**il conto**
dinheiro	**il denaro**
dinheiro trocado	**gli spiccioli** *(pl)*, **la moneta**
divisas	**le divise/le valute estere**
em espécie	**in contanti**
espécies, dinheiro vivo	**i contanti**
euro	**l'euro** *m*
formulário	**il modulo**
franco suíço	**il franco svizzero**
moeda	**la moneta**

moeda corrente	**la valuta**
montante	**l'importo** *m*
nota *(de dinheiro)*, cédula	**la banconota**
pagamento	**il pagamento**
pagar	**pagare**
recibo	**la ricevuta**
senha	**il numero segreto**
taxa de câmbio	**il corso dei cambi**
transferência	**la rimessa, il trasferimento**
transferência telegráfica	**il vaglia telegrafico**
trocar	**cambiare**
vale postal	**il vaglia, l'assegno** *m* **postale**

Filmando e fotografando

➢ **ver também Artigos de fotografia (capítulo Compras)**

O(A) senhor(a) poderia tirar uma foto nossa, por favor?
Le dispiacerebbe farci una foto?

O(A) senhor(a) tem de apertar este botão.
Deve premere questo pulsante.

Para ajustar a distância/o diafragma é assim.
La distanza/Il diaframma si regola così.

Posso tirar uma foto do(a) senhor(a)?
Potrei farLe una foto?

É muito amável (de sua parte).
Molto gentile (da parte Sua).

Assim, teremos uma bela recordação de nossas férias.
Adesso abbiamo un bel ricordo delle nostre vacanze.

fotografia instantânea, instantâneo	**istantanea**

Achados e perdidos

➢ ver também Polícia

Por favor, onde fica a seção de achados e perdidos?
Per favore, dov'è l'ufficio oggetti smarriti?

Perdi ...
Ho perso ...

Esqueci minha bolsa no trem.
Ho lasciato la (mia) borsa sul treno.

Por favor, avise-me se a devolverem/encontrarem.
Per favore, se viene riconsegnata/ritrovata, me lo faccia sapere.

Aqui está o endereço de meu hotel/da minha casa.
Ecco l'indirizzo del mio albergo/l'indirizzo di casa.

Polícia

Por favor, onde fica a delegacia de polícia mais próxima?
Dov'è il commissariato di polizia più vicino, per favore?

Quero dar queixa ...
Vorrei denunciare ...

de um roubo.
un furto.

de um assalto/uma agressão.
un assalto/un'aggressione.

Roubaram minha(meu) ...
Mi è stata(o) rubata(o) ...

bolsa.
la borsa.

carteira.
il portafoglio.

máquina fotográfica.
la macchina fotografica.

carro/bicicleta.
la macchina/la bicicletta.

Meu carro foi arrombado.
La mia macchina è stata forzata.

Roubaram … do meu carro.
Dalla mia macchina è stato rubato …

Perdi …
Ho perso …

Meu filho/Minha filha desapareceu.
Mio figlio/Mia figlia è scomparso(a).

Este homem está me importunando.
Quest'uomo mi infastidisce.

O(A) senhor(a) poderia me ajudar, por favor?
Mi può aiutare, per favore?

Quando exatamente ocorreu o fato?
Quando è successo esattamente?

Seu nome e endereço, por favor.
Il Suo nome e indirizzo, per favore.

Por favor, dirija-se ao consulado do Brasil.
Per favore, si rivolga al consolato del Brasile.

advogado	**l'avvocato** *m*
agressão	**l'aggressione** *f*
arrombar	**forzare, scassinare**
assalto	**l'assalto** *m*
assédio sexual	**la molestia sessuale**
batedor de carteira	**il borsaiolo, lo scippatore**
cartão de banco	**carta assegni**
cartão de crédito	**la carta di credito**
carteira de identidade	**la carta d'identità**
chave	**la chiave**
cheque	**l'assegno** *m*
contrabando	**il contrabbando**
crime	**il delitto**
culpa	**la colpa**
dar queixa, denunciar	**denunciare**
documentos	**i documenti**
drogas	**gli stupefacenti**
espancar	**picchiare**
estupro	**la violenza carnale, lo stupro**
importunar	**infastidire**
juiz	**il giudice**
ladrão	**il ladro**
documento do carro	**il libretto di circolazione**
passaporte	**il passaporto**
perder	**perdere**
polícia	**la polizia**
policial	**l'agente** *m/f;* **il vigile** *m*/**la vigilessa** *f*
porta-níqueis	**il borsellino**
prender	**arrestare**
prisão	**la prigione**
prisão preventiva	**la detenzione preventiva**
rádio do carro, autorrádio	**l'autoradio** *f*

roubo	**il furto**
sequestrar	**sequestrare**
tribunal	**il tribunale**
viatura policial	**l'auto *f* della polizia**

Correio

Por favor, onde é ...
Per favore, dov'è ...

a agência de correio mais próxima?
l'ufficio postale più vicino?

a caixa de correio mais próxima?
la cassetta postale più vicina?

Quanto custa uma carta/um cartão-postal para ...
Quanto costa una lettera/una cartolina illustrata per ...

o Brasil?
Brasile?

Os cartões-postais custam o mesmo que os selos.

Três selos de ..., por favor.
Tre francobolli da ..., per favore.

Por favor, quero enviar esta carta ...
Questa lettera ..., per favore.

por via aérea.
posta aerea.

por serviço expresso.
per espresso.

Quanto tempo leva para a carta chegar ao Brasil?
Quanto tempo impiega una lettera per il Brasile?

O(A) senhor(a) tem selos especiais?
Ha anche delle emissioni speciali?

Eu queria retirar ... euros de minha caderneta de poupança postal.
Vorrei prelevare ... Euro dal mio libretto postale di risparmio.

➢ **ver também lista de palavras do item Banco**

agência central de correio	**la posta centrale**
agência de correio	**l'ufficio** *m* **postale**
caderneta de poupança postal	**il libretto postale di risparmio**
caixa de correio	**la cassetta postale**
carta	**la lettera**
carta expressa	**l'espresso** *m*
carta registrada	**la raccomandata**
cartão-postal	**la cartolina postale**
código de endereçamento postal	**CAP (codice di avviamento postale)**
coleta	**la levata**
comprovante de expedição de pacotes por via postal	**il bollettino di spedizione dei pacchi postali**
declaração alfandegária	**la dichiarazione doganale**
destinatário	**il destinatario**
endereço	**l'indirizzo** *m*
formulário	**il modulo**
franquear	**affrancare**
máquina automática de venda de selos	**il distributore automatico per francobolli**
pacote	**il pacchetto**

pacote postal	**il pacco postale**
peso	**il peso**
por via aérea	**via aerea**
porte	**l'affrancatura** *f*
posta-restante	**il fermo posta**
preencher	**compilare**
reenviar	**recapitare**
remetente	**il mittente**
selo	**il francobollo**
selo especial *(para colecionadores)*	**l'emissione** *f* **speciale**
tarifa	**la tariffa**
telefax	**il telefax**
telegrama	**il telegramma**
telex	**il telex**
vale postal	**il vaglia postale**
valor declarado	**il valore dichiarato**

Telefonando

Nos telefone públicos da Itália, pode-se efetuar as ligações com moedas (10, 20, 50 centavos, 1 euro) e com cartão telefônico (preste atenção na data de validade do cartão!).
Há telefones públicos em cabines, bares e restaurantes.

Onde é a cabine telefônica mais próxima?
Dov'è la cabina telefonica più vicina?

Eu queria um cartão telefônico.
Vorrei una scheda telefonica.

Qual é o código de área de ...?
Qual è il prefisso di/per ...?

Uma chamada/ligação interurbana para ..., por favor.
Per favore, un'interurbana per ...

Eu queria fazer uma chamada/ligação a cobrar, por favor.
Vorrei annunciare una telefonata a carico del ricevente.

Dirija-se à cabine número ...
Vada nella cabina numero ...

Um telefonema

Alô. Aqui é ...
Qui parla ...

Alô, quem fala?
Pronto, con chi parlo?

Por favor, eu poderia falar com o senhor/a senhora/ a senhorita ...?
Scusi, potrei parlare con il signor/la signora/la signorina ...?

Sinto muito, ele/ela não está.
Mi dispiace, ma non c'è.

Será que ele/ela poderia me retornar a ligação?
La posso far richiamare?

Quer deixar recado?
Vuol lasciar detto qualcosa?

O(A) senhor(a) poderia avisá-lo(a) que eu telefonei, por favor?
Gli/Le potrebbe dire che ho chiamato, per favore?

Este número não existe.
È stata raggiunta una numerazione inesistente.

atender	**rispondere al telefono**
cabine telefônica	**la cabina telefonica**
cartão telefônico	**la carta telefonica**
chamada, ligação	**la comunicazione**
chamada internacional	**la comunicazione internazionale**
chamada interurbana	**l'interurbana** *f*
chamada local	**la telefonata urbana**
código de área	**il prefisso**
comunicação telefônica com pré-aviso	**il preavviso**
conversa	**la conversazione**
discar o número	**formare il numero**
fone	**il ricevitore**
informações	**gli informazioni**
ligação/chamada a cobrar	**la comunicazione telefonica a carico del ricevente**
ligar, telefonar	**telefonare**
lista telefônica	**l'elenco** *m* **telefonico**
número de telefone	**il numero telefonico**
ocupado	**occupato**
secretária eletrônica	**la segreteria telefonica**
tarifa	**la tariffa**
telefone	**il telefono**
telefone celular	**il cellulare/il telefonino**
telefone público	**il telefono pubblico**
telefone sem fio	**il telefono portatile**
telefonema	**la telefonata**

Banheiros e sanitários

Por favor, onde ficam os sanitários?
Scusi, dov'è il bagno?/Dove sono i servizi igienici?

Por favor, será que posso usar o banheiro/o toalete?
Scusi, ma dovrei andare in bagno. Posso?

O(A) senhor(a) poderia me dar a chave do banheiro, por favor?
Potrebbe darmi la chiave per il bagno, per favore?

absorventes higiênicos	**gli assorbenti**
cavalheiros/banheiro masculino	**Signori**
descarga	**lo sciacquone**
limpo	**pulito**
mictório	**il gabinetto alla turca, il vespasiano**
papel higiênico	**la carta igienica**
pia	**il lavabo, il lavandino**
sabonete	**il sapone**
senhoras/damas/banheiro feminino	**Signore**
sujo	**sporco**
toalha	**l'asciugamano** *m*

Dicionário português-italiano

A

a caminho per strada, in viaggio
a curto prazo a breve termine/scadenza
a custo, mal, com dificuldade appena
à direita a destra
à esquerda a sinistra
à noite la notte, la sera
a senhora Lei
a tempo in tempo
abacate l'avocado *m*
abacaxi l'ananas *m*
abadia l'abbazia *f*
abafado afoso
abaixo giù, sotto
abaixo de, por baixo de al di sotto di
abajur l'abat-jour *m*
abastado benestante
abdome l'addome *m*
abelha l'ape *f*
aberto aperto
abóbada la volta
abóbora la zucca
aborto l'aborto *m*
abraçar abbracciare
abreviatura l'abbreviazione *f*
abricó l'albicocca *f*
abridor de garrafas l'apribottiglie *m*
abridor de latas l'apriscatole *m*
abrigo, refúgio il rifugio
abril l'aprile *m*
abrir aprire
abscesso l'ascesso *m*
absoluto assoluto
absorvente higiênico l'assorbente *m*
acabar finire
academia de ginástica il centro di fitness, la palestra
açafrão lo zafferano
acampar campeggiare
ação judicial, litígio la lite
aceitar accettare
acelerador l'acceleratore *m*
acelerador manual l'acceleratore *m* a mano
acenar far segno
acender accendere

acessibilidade l'accessibilità *f*
achado arqueológico il reperto archeologico
acidente l'incidente *m*
aclimatar-se acclimatarsi
acompanhante l'accompagnatore *m*, l'accompagnatrice *f*
acompanhar accompagnare
aconselhar consigliare
acontecer accadere, aver luogo, succedere
acontecer um acidente avere um incidente/infortunio
acontecimento l'avvenimento *m*
acordado, desperto sveglio
acordar, despertar svegliare, svegliarsi
açougue la macelleria
acrescentar aggiungere
açúcar lo zucchero
adaptado para cadeirantes adatto/idoneo per carrozzelle
adaptado para deficientes idoneo per/a misura degli handicappati
adaptador l'adattatore *m*, la spina di adattamento
adiante, avante, para a frente avanti
adiar, postergar rimandare
administração l'amministrazione *f*
administração (de remédios, alimentação etc.) por via intravenosa, parenteral la fleboclisi, l'ipodermoclisi *f*
admirar ammirare
admirar-se (com) meravigliarsi di
adoçante l'edulcorante *m*, il dolcificante
Adriático l'Adriatico *m*
adulta *subst* l'adulta *f*
adulto *subst* l'adulto *m*
advertir avvertire
aeróbica l'aerobica *f*
aerodeslizador l'hovercraft *m*
aeromoça l'assistente *f* di bordo, la hostess
aeroporto l'aeroporto *m*
afirmar affermare
agência l'agenzia *f*
agência central de correios la posta centrale
agência de correio l'ufficio *m* postale
agência de viagens l'agenzia *f* di viaggi
agora ora
agosto l'agosto *m*

agradar piacere
agradável piacevole
agradecer ringraziare
água l'acqua *f*
água do radiador l'acqua *f* di raffreddamento
água fria l'acqua *f* fredda
água mineral l'acqua *f* minerale
água potável l'acqua *f* potabile
água quente l'acqua *f* calda
água-forte l'acquaforte *f*
aguentar, suportar, tolerar sopportare, tollerare
agulha l'ago *m*
ainda ancora; ~ **não** non ancora
ainda que, nem que pure
aipo il sedano
ajuda l'aiuto *m*
ajudar aiutare
alaranjado arancione
alarme de incêndio il segnalatore d'incendio
alcachofra il carciofo
alcançar raggiungere
álcool lo spirito industriale
aldeia il villaggio, il paese
aldeia de pescadores il villaggio di pescatori
alecrim il rosmarino
alegrar-se com essere contento di
alegre allegro
alegria la gioia
além disso inoltre
alemã tedesca
Alemanha la Germania *f*
alemão tedesco
alergia l'allergia *f*
alface la lattuga, l'insalata *f* verde
alfaiate il sarto
alfândega la dogana
alfinete de segurança lo spillo di sicurezza
algo qualcosa
algodão il cotone
algodão (hidrófilo) il cotone idrofilo
alguém qualcuno
algum alcuno
alho l'aglio *m*
alho-poró il porro
alive, ladeira la salita
almoço il pranzo, il desinare
alpinismo l'alpinismo *m*
alta temporada l'alta stagione *f*
altar l'altare *m*
alto alto
alto-falante l'altoparlante *m*
altura l'altezza *f*

alugar affittare
aluguel l'affitto *m*, il noleggio
amar amare
amarelo giallo
amargo amaro
amável caro, gentile
ambos tutti e due
ambulância l'auto *f* ambulanza
ameixa la prugna
amêndoa la mandorla
amiga l'amica *f*
amígdala la tonsilla
amigdalite la tonsillite
amigo l'amico *m*
amor l'amore *m*
amora la mora
analgésico, comprimido contra dor l'analgesico *m*, la compressa contro il dolore
andar (*verbo*) andare, (*pavimento de edificação*) il piano
andar de bicicleta andare in bicicletta
anel l'anello *m*
anel viário la circonvallazione
anestesia l'anestesia *f*
anfiteatro l'anfiteatro *m*
anfitriã l'ospite *f*, la padrona di casa
anfitrião l'ospite *m*, il padrone di casa
angina l'angina *f*
animal l'animale *m*
animal doméstico l'animale *m* domestico
aniversário il compleanno
ano l'anno *m*
Ano Novo il Capodanno
anoraque la giacca a vento
antecipadamente, de antemão in anticipo
anteontem l'altro ieri
antepasto l'antipasto *m*
antes prima
antes de prima di
antibiótico l'antibiotico *m*
anticoncepcional l'anticoncezionale *m*
anticongelante l'antigelo *m*
antigo antico
antisséptico il disinfettante
anual annuale
anuir aderire, acconsentire
anunciar annunciare
ao lado de vicino a
ao meio-dia a mezzogiorno
ao menos almeno
apagar spegnere
aparelho l'apparecchio *m*
apartamento l'appartamento *m*

apenas, somente solo, soltanto
apendicite l'appendicite *f*
apertado stretto
apesar de, embora benché
apetite l'appetito *m*
aplauso l'applauso *m*
apogeu, ápice il punto culminante
apoio il sostegno
apoplexia l'apoplessia *f* cerebrale
aposento, cômodo il locale
aprender imparare
apresentação la presentazione; (*de teatro*) la rappresentazione, lo spettacolo
apresentar presentare
apressado frettoloso
apressar-se affrettarsi
aproximadamente circa
aproximar-se avvicinarsi
aquarela l'acquerello *m*
aquecedor de mamadeira lo scaldabiberon
aquecimento central, calefação central il riscaldamento centrale
aquecimento il riscaldamento
aquela quella
aquele quello
aqui qui
ar l'aria *f*
arbusto il cespuglio
arco l'arco *m*
ar-condicionado l'aria *f* condizionata
área, zona la zona
área de descanso (*nas rodovias*) la piazzola di sosta
área de pedestres la zona pedonale
arena l'arena *f*
arenque l'aringa *f*
argila l'argilla *f*, la creta
armário l'armadio *m*
arqueologia l'archeologia *f*
arquiteto l'architetto *m*
arquitetura l'architettura *f*
arrancar, extrair strappare
arredores i dintorni; **nos ~ de** nei dintorni di
arremessar, jogar, lançar gettare
arrombar forzare, scassinare
arroz il riso
arrumadeira, camareira la cameriera
arte l'arte *f*
arte em cerâmica l'arte *f* di vasaio
arte gráfica l'arte *f* grafica
artesanato l'artigianato *m*
articulação l'articolazione *f*

artigo esportivo l'articolo *m* sportivo
árvore l'albero *m*
às vezes a volte
asa l'ala *f*
asa-delta (*esporte*) lo sport del deltaplano
asma l'asma *m/f*
aspargo l'asparago *m*
aspirina® l'aspirina *f*
assado arrostito
assalto l'assalto *m*
assédio sexual la molestia sessuale
assento da janela il posto al finestrino
assento de elevação, *booster* il sedile auto per bambini
assento para transporte de crianças na bicicleta il seggiolino per la bicicletta
assim così
assinar firmare
assinatura la firma
associação l'associazione *f*
associação de deficientes l'associazione *f* handicappati/svantaggiati
assustador spaventoso
assustar spaventare
atalho la scorciatoia
ataque cardíaco l'attacco *m* cardiaco
até fino a; ~ **agora** finora
atenção l'attenzione *f*
aterrissagem l'atterraggio *m*
atestado il certificato
atletismo l'atletica *f* leggera
ato l'atto *m*
ator l'attore *m*
atração turística la cosa da vedersi
atracar em attraccare a
atrás dietro, indietro
atrasar-se, demorar, tardar ritardare, tardare
atraso il ritardo
através attraverso
atravessar attraversare
atriz l'attrice *f*
atum il tonno
aula la lezione
aumentar aumentare
autêntico vero, autentico
automático automatico
automóvel l'auto *f*, la macchina
autoridade pública l'autorità *f*
avaliar stimare
avisar avvertire
avô il nonno
avó la nonna

azar, infelicidade, infortúnio la sfortuna, la disgrazia
azedo agro
azeite de oliva l'olio *m* d'oliva
azeitona l'oliva *f*
azia l'acidità *f* di stomaco
azul blu

B

babá eletrônica il babyfon
baby-sitter il/la baby-sitter
badminton il badminton, il gioco del volano
bagagem il bagaglio
baía il golfo
bailarina/dançarina la ballerina
bailarino/dançarino il ballerino
baile il ballo, la danza
bairro il quartiere
baixa temporada la bassa stagione
baixo basso, (*som*) piano, a bassa voce
balcão de bagagens lo sportello accettazione bagagli
balé il balletto
balneário la località marittima
banana la banana
banco (*instituição financeira*) la banca, (*assento*) la panchina
bangalô il bungalow
banheira la vasca da bagno
banheiro il bagno
banheiro para deficientes il bagno/la toilette per handicappati
banheiros, sanitários i servizi igienici
bar il night
barato economico, a buon mercato
barba la barba
barbante lo spago
barbeador il rasoio
barco a remo la barca a remi
barco a vela, veleiro la barca a vela
barraca la tenda
barriga il ventre
barro il fango
barroco il barocco
barulhento rumoroso
barulho il chiasso, il rumore
barzinho il locale
basquetebol il basketball, il pallacanestro
bastante abbastanza
bastão il bastone
bastão de esqui il bastone da sci

bastar bastare
batata la patata
batedor de carteira il borsaiolo, lo scippatore
bateria la batteria
batom il rossetto
bebê conforto (*para automóvel*) il seggiolino auto per bebe
beber bere
bebida la bevanda
bege beige
beijar baciare
beijo il bacio
beliche il letto a castello
belo bello
bem bene
bem passado ben cotto
bem-vindo benvenuto
bengala branca (*bengala de cegos*) il bastone per ciechi
berçário l'assistenza *f* ai bambini
berço il lettino (per bambini)
berinjela la melanzana
bexiga la vescica
bicicleta la bicicletta
bicicleta de corrida la bicicletta da corsa
bicicleta de *trekking* la bicicletta da trekking
bicicleta para deficientes la bicicletta per disabili
bico de mamadeira la tettarella
bigode il baffo
bijuteria la bigiotteria
bilhete, passagem il biglietto
bilhete múltiplo il biglietto a più obliterazioni
bilheteria la cassa, la biglietteria, lo sportello biglietti
biquíni il bikini
biscoito il biscotto
bizantino bizantino
blazer il blazer
bloco (de papel) blocco (di carta)
blues il blues
blusa la camicetta
boate il night-club
bobe il bigodino
bobo scemo
boca la bocca
bocal, embocadura l'imboccatura *f*
body il body
boia il salvagente
boia de braços il bracciale (salvagente)
boia salva-vidas il salvagente
bola la palla, il pallone

boletim meteorológico il bollettino meteorologico
boliche il bowling
bolo la torta
bolsa la borsa
bolsa a tiracolo la borsa a tracolla
bolsa de viagem la borsa da viaggio
bolsa térmica la borsa frigo
bolso la tasca
bom buono
bomba de ar la pompa d'aria
bomba de gasolina la pompa della benzina
bombeiro il vigile del fuoco, il pompiere
bonde il tram
boné il berretto
bonito carino
bota lo stivale
bota de borracha lo stivale di gomma
bota de esqui lo scarpone da sci
bote inflável il canotto pneumatico
bote salva-vidas la scialuppa di salvataggio
branco bianco
Brasil Brasile
brasileiro brasiliano
brechó il rigattiere
brincadeira, graça, troça lo scherzo
brinco l'orecchino *m*
brinquedo il giocattolo
broche la spilla
brônquio il bronco
bronquite la bronchite
bronze il bronzo
bronzeado abbronzato
bufê de café da manhã il buffet della colazione
bufê de saladas il buffet delle insalate
bujão de gás la bombola di gas
bungee-jump il bungeejumping
buquê il mazzo
burro l'asino *m*
buscar prendere, andare a prendere
bússola la bussola
butique la boutique
buzina il clacson
by-pass il bypass

C

cabana la capanna
cabaré il cabaret
cabeça la testa
cabeleireiro il parrucchiere
cabelo il capello

cabelos secos i capelli secchi
cabide la gruccia (per i panni)
cabine la cabina
cabine telefônica la cabina telefonica
cabo auxiliar de partida il cavo ausiliario per la messa in moto
cabo de reboque il cavo da rimorchio
cacho il riccio
cachoeira, cascata la cascata
cachorro il cane
cada ogni
cada um ognuno
cadarço il laccio/la stringa per scarpe
cadeira la sedia
cadeira de rodas la carrozzella, la sedia a rotelle
cadeira de rodas dobrável la carrozzella pieghevole
cadeira de rodas elétrica la carrozzella elettrica
cadeira de segurança infantil para automóvel il seggiolino auto
cadeirante il/la disabile in sedia a rotelle
caderneta de poupança postal il libretto di risparmio postale
caderneta de vacinação il libretto di vaccinazione
café da manhã la colazione, la prima colazione
café il caffè
cafeteira elétrica la macchina del caffè tedesca/americana
cãibra il crampo
cair cadere
cais la banchina
caixa la cassa
caixa de correio la cassetta postale
caixa eletrônico la cassa automatica prelievi, il bancomat, lo sportello automatico
calafrio il brivido
calar-se tacere
calça il pantalone, il calzone
calça de esqui il pantalone da sci
calça de *training* il calzone della tuta
calça *fuseau*, calça *legging* il fuseau
calção de banho il costume da bagno
(calças) *jeans* i jeans
calcinha lo slip, la mutanda

calculadora de bolso il calcolatore tascabile
calcular calcolare
cálculo renal il calcolo renale
caligrafia la calligrafia
calmante il calmante
calmaria la bonaccia
calor il caldo
cama il letto; **ir para a ~** andare a letto
camarão il gamberetto
camarote il palco
câmbio automático il cambio automatico
câmbio il cambio
câmera de ar la camera d'aria
câmera de vídeo la videocamera
caminhada de um dia la marcia di un giorno
caminho la via
camisa la camicia
camiseta la maglietta
camiseta sem manga la maglietta, la canottiera
campainha il campanello
campanário il campanile
camping il camping, il campeggio
campo il campo
campo de esportes il campo sportivo
campo de jogos il terreno di gioco
canal il canale
canção la canzone
cancelar disdire
câncer il cancro
caneta esferográfica la biro
canivete il temperino, il coltello tascabile
canoa la canoa
cansado stanco
cansativo faticoso
cantar cantare
canteiro de obra il cantiere edile
canto de cozinha il cucinino, il cucinotto
canto il canto
cantor il cantante
cantora la cantante
canudo, canudinho la cannuccia
cão-guia il cane guida per ciechi
capa de chuva l'impermeabile *m*
capacete il casco
capacete de proteção, capacete para ciclismo il casco di protezione
capela la cappella
capital la capitale

capitão il capitano
capô il cofano
caranguejo il granchio
cardápio la lista delle vivande, il menu
cárie la carie
carimbo il timbro
carne la carne
carne de carneiro la carne di montone
carne de cordeiro la carne d'agnello
carne de porco la carne di maiale
carne de vaca la carne di manzo
carne de vitela la carne di vitello
carne moída la carne macinata
caro caro
carregador l'apparecchio *m* carica-batterie
carta la lettera
carta registrada la raccomandata
cartão (*do banco, magnético etc.*) la tessera
cartão de crédito la carta di credito
cartão de deficiente il tesserino di riconoscimento per portatori di handicap
cartão de embarque la carta d'imbarco
cartão telefônico la carta telefonica
cartão-postal la cartolina illustrata, la cartolina postale
cartaz il manifesto
carteira de habilitação náutica la patente nautica
carteira de identidade la carta d'identità
carteira de motorista la patente
carteira do seguro il buono per le cure mediche
carteirinha de campista la tessera di campeggio
cartucho de gás la cartuccia del gas
carvão la carbonella
casa la casa
casa de campo la villa
casa de veraneio la casa per le vacanze
casa-barco la house boat, la casa battello
casaco la giacca
casaco de lã la giacca di lana, il golf

casada sposata
casado sposato
casal la coppia
casamento (*núpcias*) le nozze
casar sposare
caseiro fatto in casa
caso de emergência il caso di emergenza
caspa la forfora
cassino il casinò
castelo il castello
castelo de areia il castello di sabbia
catapora la varicella
catchup il ketchup
catedral la cattedrale, il duomo
caução la cauzione
causa causa
causar causare
cavala (peixe) lo sgombro
cavalgada la cavalcata
cavalgar cavalcare
cavalo il cavallo
caverna la grotta, la caverna
caxumba l' orecchione *m*
CD, *compact disc* il CD (compact disc)
cebola la cipolla
cedo presto
cemitério il cimitero
cenoura la carota
centímetro il centimetro
central centrale
centro il centro
centro da cidade il centro città
centro histórico il centro storico
cerâmica la ceramica
cérebro il cervello
cereja la ciliegia
certificado il certificato
certificar certificare
certo certo
cerveja la birra
cerveja sem álcool la birra analcolica
cerzir rammendare
cesto il cesto
céu il cielo
chá il tè
(chá de) camomila la camomilla
chalé la baita
chamada/ligação a cobrar la comunicazione telefonica a carico del ricevente
chamada internacional la comunicazione internazionale
chamada interurbana l'interurbana *f*
chamada local la telefonata urbana

chamar chiamare
chamar-se chiamarsi
champanhe il champagne
chão il suolo, il pavimento
chapéu il cappello
chapéu de sol il cappello da sole
charuto il sigaro
chato seccante
chave la chiave
chave de ignição la chiave d'accensione
chefe il capo, il/la superiore, il/la principale
chegada l'arrivo *m*
chegar arrivare
cheio pieno
cheirar odorare; **~ a** sapere di
cheiro l'odore *m*
cheque de viagem, *traveler's check* l'assegno *m* turistico, il traveller's chèque
chinelo il sandalo da mare
chocolate la cioccolata
chorar piangere
chupeta il succhietto, il ciuccio, la tettarella
chuva la pioggia
chuveiro la doccia
chuvoso piovoso
ciática la sciatica
cicatriz la cicatrice
ciclismo il ciclismo
ciclovia la pista ciclabile, la ciclopista
cidadão da União Europeia il cittadino unitario
cidade la città; **mapa da ~** pianta della città
cigarrilha il sigaretto
cigarro la sigaretta
cilindro de oxigênio l'ossigenatore *m*
cinema il cinema
cinema ao ar livre il cinema all'aperto
cinto la cintura
cinto de segurança la cintura di sicurezza
cinza grigio
cinzeiro il portacenere, il posacenere
cirurgião il chirurgo
city-tour il giro turistico della città
claro chiaro
classe la classe
classicismo il classicismo
clássico classico
claustro il chiostro
clavícula la clavicola
cliente il/la cliente
clima il clima

***club house*, sede** il circolo, il club
clube de golfe il circolo golfistico
cobertor de lã la coperta di lana
cobertor la coperta
cobra, serpente il serpente
coco la noce di cocco
código da porta do quarto il codice per la porta della camera
código de área (*de telefone*) il prefisso
código de endereçamento postal CAP (il codice di avviamento postale)
coelho il coniglio
cofre la cassaforte
coisa la cosa
colar la collana
colcha la coperta
colchão il materasso
colchão de ar il materasso pneumatico
colecionar raccogliere
colega il/la collega
cólera il colera
coleta la levata
colete il gilè
colete salva-vidas il giubbetto di salvataggio
colheita la raccolta
colher (*verbo*) cogliere
colher il cucchiaio
colher de chá il cucchiaino
cólica la colica
colina la collina
colírio le gocce per gli occhi, collirio
colisão lo scontro, la collisione
colocar mettere
colorido a colori, multicolore
coluna la colonna
coluna vertebral la colonna vertebrale
com con
com frequência spesso
com prazer, de bom grado volentieri
combinar accordarsi su
combinar, convir, ornar andare/stare bene
combustível sólido il combustibile solido
começar cominciare, iniziare
comédia la commedia
comédia popular la commedia popolare
comer mangiare
comestível commestibile
comida l'alimentazione *f*, il vitto

comida dietética il cibo dietetico
cominho il cumino
comissão il diritto fisso
comissário de bordo lo steward, l'assistente *m* di bordo
como come
comoção cerebral la commozione cerebrale
compaixão la compassione
companhia aérea la compagnia aerea
comparar confrontare
compartimento lo scompartimento
compartimento de fumantes lo scompartimento per fumatori
compartimento de não fumantes lo scompartimento per non fumatori
compatriota il/la connazionale
competente competente
competição la gara
compositor il compositore
compositora la compositrice
comprar comprare
comprido lungo
comprimento la lunghezza
comprimido la compressa, la pasticca, la pillola
comprimido contra dor de cabeça la compressa contro il mal di testa
compromisso l'appuntamento *m*
comum comune
comunicação la comunicazione
comunicar comunicare
concerto il concerto
concerto sinfônico il concerto sinfonico
concha la conchiglia
concordar mettersi d'accordo
condição la condizione
conexão la coincidenza
confeitaria, doceria la pasticceria
confiança la fiducia
confiável fidato
confirmar confermare
confiscar sequestrare
confortável comodo, confortevole
confundir scambiare
congratulação, felicitação l'augurio, la congratulazione
conhecer conoscere
conhecida la conoscente

conhecido *adj* noto, il conoscente
conhecimento la conoscenza
conjunto (musical) il complesso
conselho il consiglio; **pedir ~ a alguém** chiedere un consiglio a qd
conselho, sugestão il suggerimento, il consiglio
consertar riparare
conservação dos monumentos la tutela dei monumenti
conservar conservare
consulado il consolato
consumo il consumo
consumo de água il consumo d'acqua
conta il conto
contagioso contagioso
contar (com algo) aspettarsi
contar contare, raccontare
contato il contatto
contente contento
contente (com) lieto (di)
conter contenere
conteúdo il contenuto
contra contro
contrabandear fare contrabbando
contrabando il contrabbando
contrário contrario; **ao ~** al contrario
contratempo il contrattempo
contrato il contratto
controle de passaportes il controllo dei passaporti
controle de segurança il controllo di sicurezza
contusão la contusione
convalidar convalidare
convencer convincere, persuadere
conveniente, adequado giusto, adatto
convento, monastério il convento, il monastero
conversa la conversazione
conversão la conversione
conversar conversare
convés la coperta
convidar invitare
***cooler*, bolsa/barra térmica** la piastra refrigerante
cópia la copia
copo il bicchiere
copo para água il bicchiere da acqua
coqueluche la pertosse
coquetel il rinfresco
coração il cuore
corda la corda
cordial cordial

coro il coro
coroa la corona
corpo il corpo
corredor il corridoio
corrente la catena
corrente de ar la corrente d'aria
corrente elétrica la corrente elettrica
correr correre, fare jogging
corrimão il corrimano, il mancorrente
cortar tagliare
corte (*machucado*) la ferita da taglio
corte (*residência da nobreza*) la corte
corte em camadas, corte repicado (*de cabelo*) il taglio scalato
cortês cortese
costa la costa
costas la schiena (*sing*)
costeleta (*carne*) la costoletta
costeletas, suíças (*barba e cabelo*) la basetta (*sing*)
costurar cucire
costureira la sarta
cotonete® il bastoncino igienico
couve il cavolo
couve-flor il cavolfiore
cozido bollito, cotto
cozido a vapor cotto a vapore
cozido na panela brasato
cozinhar cucinare
cozinheiro il cuoco
cravo-da-índia i chiodi (*pl*) di garofani
cremalheira la cremagliera
creme dental, pasta de dente il dentifricio
creme la crema
creme, nata la panna
creme para as mãos la crema per le mani
crer credere
crescer crescere
criado-mudo, mesa de cabeceira il comodino
criança il bambino
criativo creativo
crime il delitto
cristal il cristallo
cristianismo il cristianesimo
criticar criticare
cru crudo
cruz la croce
cruzamento l'incrocio *m*
cruzeiro la crociera
cueca la mutanda, lo slip
cuidado! attenzione!
cuidadoso attento
culpa la colpa

cultura la cultura
culturismo il culturismo
cumprimentar salutare
cunhada la cognata
cunhado il cognato
cúpula la cupola
curativo adesivo, *band-aid*® il cerotto
curioso curioso
curling il curling
curso il corso
curso de esqui il corso di sci
curso de natação il corso da nuoto
curta-metragem (filme) il film a corto metraggio
curto corto
curto-circuito il corto circuito
curva la curva
custar costare

D

dançar ballare
danificar danneggiare
dar dare
dar, entregar, oferecer, passar porgere
data la data
data de nascimento la data di nascita
de da, di
de hora em hora ogni ora
de jeito nenhum niente affatto
de má vontade di mala voglia
de manhã mattina
de novo di nuovo
de passagem di passaggio
de repente improvvisamente
decepcionado deluso
decidir decidere
decidir-se decidersi
declaração alfandegária la dichiarazione doganale
declarar dichiarare
decolagem il decollo
dedo il dito
dedo do pé il dito del piede
defeito il difetto
defeso il periodo di divieto di caccia
deficiência física il handicap fisico, la menomazione fisica
deficiente auditivo sordastro
deficiente visual il menomato nella vista
definitivo definitivo
defumado affumicato
degrau il gradino
deitar-se sdraiarsi
deixar, sair de lasciare, abbandonare
delicioso squisito

demasiado troppo
denominar chiamare
dente il dente
dente do siso il dente del giudizio
dentro dentro
denunciar denunciare
departamento de turismo l'ente *m* per il turismo
depois poi, dopo
depois de amanhã dopo domani
depositar depositare
depósito de bagagens il deposito bagagli
derrame cerebral il colpo apoplettico
desabitado disabitato
desagradável spiacevole
desaparecer sparire
descansar riposarsi
descanso, repouso il riposo
descarga lo sciacquone
descer scendere
descobrir scoprire
desconfiar non fidarsi di
desconhecido sconosciuto
desconto la riduzione, lo sconto
desconto para crianças la riduzione per bambini
descrever descrivere
desculpa la scusa
desculpar-se scusarsi
desde da
desejar desiderare
desembocadura lo sbocco
desempregado disoccupato
desenhar disegnare
desenho il disegno
desenho animado i cartoni animati
desenvolver sviluppare
desesperado disperato
desfiladeiro, passo il passo
desfrutar godere
desinfetante il disinfettante
desinfetar disinfettare
deslocado slogato
desmaio lo svenimento
desodorante il deodorante
despachar sbrigare
despacho de bagagens la spedizione bagagli
despedir-se congedarsi, accomiatarsi
despertador la sveglia
despesa la spesa
destino, destinação la meta
destruir distruggere
desvio il giro più lungo, la deviazione
deter tenere

detergente il detersivo per le stoviglie
deter-se fermarsi, trattenersi
detrás dietro
Deus Dio
dever dovere
devido a, por causa de a causa di, per
devolver riportare, restituire, ridare
devolver, restituir rendere
dezembro il dicembre
dia il giorno
dia da chegada il giorno d'arrivo
dia útil il giorno feriale
diabetes il diabete
diabético diabetico
diagnóstico la diagnosi
diante (de) davanti (a)
diarreia la diarrea
dieta il regime, la dieta
diferença la differenza
diferente diverso
difícil difficile
dificuldade respiratória la difficoltà di respirazione
difteria la difterite
digestão la digestione
digitar digitare
dínamo la dinamo
dinastia la dinastia
dinheiro il denaro
dinheiro trocado gli spiccioli, la moneta
direção (*de peça, filme*) la regia, la direzione
direita destra
direito *adj* destro, *subst* il diritto
direto diretto
diretor(a) il direttore/la direttrice
dirigir, guiar (*automóvel*) guidare
disc man il lettore CD portatile
disparador (*de máquina fotográfica*) lo scatto
disparador automático (*de máquina fotográfica*) l'autoscatto *m*
dissabor il dispiacere
distância la lontananza
distante lontano
distensão lo stiramento
distração, diversão, entretenimento il divertimento
distrair-se, divertir-se, entreter-se divertirsi
diversão il piacere, il divertimento
divertimento il divertimento
divertir-se divertirsi

dívida il debito
dividir dividere
divisas le divise/le valute estere
dizer dire
doce dolce, *subst* il dolce
doce, docinho (*de massa*) la pasta
doces i dolciumi
docinho de chocolate il dolcetto di cioccolata
documentário il documentario
documento il documento
documento do carro il libretto di circolazione
doença la malattia
doença infantil la malattia infantile
doente malato
doer far male
domicílio il domicilio
domingo la domenica
dono il padrone, l'oste *m*
dor de cabeça il mal di testa
dor de dente il mal di denti
dor de estômago il mal di stomaco
dor de garganta il mal di gola
dor nas costas la dolore alla schiena
dormir dormire
dourado color oro
drama il dramma
duplo doppio
duração la durata
duradouro, durável durevole
durante durante
durante a semana durante la settimana
durante o dia di giorno
durar durare
duro duro

E

e e
echarpe la sciarpa
edifício l'edificio *m*, la costruzione
educação l'educazione *f*
ela lei
elas loro
elástico para prender os cabelos l'elastico *m* per capelli
ele lui
eles loro
eletricista l'elettricista *m*
elétrico elettrico
eletrodoméstico l'elettrodomestico *m*

elevador, plataforma elevatória l'elevatore *m*
elogiar lodare
em in, a; **em uma semana** fra una settimana
em in; **em italiano** in italiano
em casa a casa
em caso de casomai
em cima sopra, sù
em direção a verso
em espécie in contanti
em forma in forma
em frente diritto
em frente de di fronte
em lugar nenhum in nessun luogo
em outra parte altrove
em toda parte dappertutto
em torno de, por volta de intorno a
em vão invano
em vez de invece di
embaixada l'ambasciata *f*
embalagem l'imballaggio *m*
emblema, símbolo l'emblema *m*
embora via
embreagem la frizione
embriagado ubriaco; (*ligeiramente* ~) brillo
embriagar-se ubriacarsi
embrulhar incartare
embutidos la salsicce
empatado in pareggio, pari
emprego l'impiego *m*
empresa la ditta
emprestar prestare
empurrão la spinta
encantador incantevole
encenação la messa in scena
encontrar incontrare, trovare
encontrar alguém andare a trovare qd
encontro l'appuntamento *m*
endereço l'indirizzo *m*
endívia l'indivia *f* del Belgio
energia elétrica la corrente
enfaixar fasciare
enfermeira l'infermiera *f*
enganar-se, equivocar-se sbagliarsi
engano l'inganno *m*
engarrafamento, congestionamento l'ingorgo *m*
enguia l'anguilla *f*
enoteca, loja de vinhos la fiaschetteria, l'enoteca *f*
enquanto mentre
ensinar insegnare, istruire
ensolarado soleggiato
então dunque, allora
entender capire
entender-se intendersi

entorno l'ambiente *m*
entrada, ingresso l'entrata *f*, l'ingresso *m*
entrar entrare
entre tra, fra
entre! avanti!
entrega das chaves la consegna delle chiavi
entrega de bagagem la consegna del bagaglio
entregar consegnare
entusiasmado (com) entusiasta (di)
envelope la busta
envenenamento l'avvelenamento *m*
enviar mandare
enxaqueca l'emicrania *f*
epilepsia l'epilessia *f*
época l'epoca *f*
equipamento de mergulho l'attrezzatura *f* da sub, attrezzatura da palombaro
errado sbagliato
errar nos cálculos, na conta sbagliare i calcoli
erro l'errore *m*
erupção cutânea l'eruzione *f* cutanea, l'esantema *m*
erva l'erbetta *f*
erva-doce il finocchio
ervilha il pisello
esbelto snello
escada la scala
escala lo scalo
escapamento lo scappamento
escavação lo scavo
escola la scuola
escola de equitação la scuola di equitazione
escolha la scelta
escolher scegliere
escondido nascosto
escova la spazzola
escova de dentes lo spazzolino da denti
escova para louça la spazzola per le stoviglie
escova para sapatos la spazzola da scarpe
escrever scrivere
escritório l'ufficio *m*
escultor lo scultore
escultura la scultura
escuro scuro
escutar ascoltare
esforçar-se sforzarsi
esforço lo sforzo
esgotado esaurito
esmalte de unha lo smalto
esôfago l'esofago *m*
espaço lo spazio
espancar picchiare
especial speciale

especialidade la specialità
especiaria, condimento la spezia
espécie la specie
espectador lo spettatore
espelho lo specchio
espelho retrovisor lo specchietto retrovisore
esperar, ter esperança sperare
esperto furbo
espetáculo lo spettacolo
espinafre lo spinacio
espinha (de peixe) la spina, la lisca
espinha dorsal la spina dorsale
esporte lo sport
esportista lo sportive/la sportiva
espuma de barbear la schiuma da barba
esquecer dimenticare
esquentar riscaldare
esquerda sinistra
esquerdo sinistro
esqui lo sci
esqui aquático lo sci nautico
esquiar sciare
esquina l'angolo *m*
esta questa
estaca il picchetto
estação (*do ano*) la stagione, la stazione
estação de esqui la stazione a monte
estação ferroviária central la stazione centrale
estação inferior la stazione a valle
estacionamento il parcheggio
estacionar parcheggiare
estada il soggiorno
estádio lo stadio
Estado lo stato
estado lo stato, la condizione
estar stare
estar acostumado essere abituato
estar atento, prestar atenção, tomar cuidado stare attento
estar certo/correto/exato essere giusto
estar com fome essere affamato
estar com frio, sentir frio aver freddo
estar com pressa aver fretta
estar com sede essere assetato
estátua la statua
estatura la statura
este questo

estepe la ruota di scorta
estilo *liberty* lo stile liberty
estilo lo stile
estômago lo stomaco
estrada principal la strada principale
estrada provincial la strada provinciale
estrada secundária la strada secondaria
estragado corrotto
estrangeira straniera
estrangeiro *adj* estero, straniero; *subst* lo straniero
estranha estranea
estranho estraneo
estreia la prima
estreito stretto
estrela la stella
estudar studiare
estufado (guisado) stufato
estupro la violenza (carnale), lo stupro
eu io
euro l'euro *m*
Europa l'Europa *f*
europeia *subst* l'europea *f*
europeu *adj* europeo, *subst* l'europeo *m*
evacuação l'evacuazione *f*
evento la manifestazione
evitar evitare
exagerado esagerato
exame l'esame *m*
examinar esaminare
exato preciso
excelente eccellente
exceto eccetto, tranne
excursão em terra l'escursione *f* a terra
exemplo l'esempio *m*; **por exemplo** per esempio
exercício l'esercizio *m*
exercitar esercitare
exigir esigere
experimentar tentare; (*comida*) assaggiare
exposição la mostra, l'esposizione *f*
expressamente espressamente
expressão l'espressione *f*
expressionismo l'espressionismo *m*
extensão (*elétrica*) il cavo di prolungamento, la prolunga
exterior l'estero *m*
extintor de incêndio l'estintore *m*
extraordinário straordinario

F

fábrica la fabbrica

faca il coltello
fachada la facciata
fácil facile
faixa elástica la benda elastica
falar parlare
falta, carência il difetto
faltar mancare
família la famiglia
famoso famoso
farinha la farina
farmácia la farmacia
faroeste (*filme*) il western
farol il faro
farol alto il faro abbagliante
farol baixo la luce anabbagliante
farol traseiro il fanalino posteriore
fatia la fetta
fato il fatto
fator de proteção solar il fattore protettivo
favor il favore
fax il fax
fazenda la fattoria
fazer fare
fazer a mala mettere in valigia
fazer caminhadas camminare, fare escursioni
fazer *check-in* fare il check-in
fazer compras fare la spesa
fazer fila fare la fila
fazer um penteado pettinare
fé la fede
febre do feno il raffreddore da fieno
febre la febbre
fechado chiuso
fechadura la serratura
fechar chiudere
feder puzzare
feijão il fagiolo
feio brutto
feira la fiera
feira, mercado il mercato
feito à mão fatto a mano
felicidade la felicità
felicitar congratularsi
feliz felice
feminino femminile
férias le ferie, le vacanze
ferida la ferita
ferido ferito
ferimento la ferita
ferir ferire
feroz, selvagem selvaggio, selvatico
ferramenta l'utensile *m*, l'attrezzo *m*
ferryboat il traghetto
festa la festa
festa do padroeiro la sagra
festival il festival
fevereiro il febbraio

ficar (*localização*) trovarsi, rimanere
ficar com raiva arrabbiarsi
ficar conhecendo alguém, travar conhecimento com alguém fare la conoscenza di qd
ficar mareado/com enjoo avere il mal di mare
ficar sabendo, inteirar-se de venire a sapere
fiel fedele
fígado il fegato
figo il fico
filha la figlia
filho il figlio
filme il film
filme de ação il film d'azione
filme de suspense, de terror il thriller
filme em preto e branco la pellicola in bianco e nero
filme em vídeo il videofilm
fim la fine *f*; **no ~** alla fine
fino fine, sottile
fio il filo
fiscal, revisor il controllore
fiscalização por radar il controllo radar
fiscalizar controllare
fita cassete la cassetta
fixação (*dos esquis*) l'attacco *m*
fixador (de cabelo) il fissatore
flash il flash
flatulência la flatulenza
floco de aveia il fiocco d'avena
flor il fiore
floresta il bosco, la foresta
floricultura il fioraio
florir fiorire
fluir scorrere
fogão la cucina
fogão a gás la cucina a gás
fogão elétrico la cucina elettrica
fogareiro il fornello
fogareiro a gás il fornello a gas
fogo il fuoco
folclore il folclore
folha (*de papel*) il foglio; (*de planta*) la foglia
fone il ricevitore
fone de ouvido la cuffia
fonte la sorgente, la fonte, la fontana
fora fuori
fora de fuori di
força la forza
forçar costringere

forma la forma
formação la formazione; **formação escolar** l'istruzione *f* scolastica
formar formare
formato horizontal il formato orizzontale
formato vertical il formato verticale
formulário il modulo
fortaleza la fortezza
forte forte
fósforo il fiammifero
foto(grafia) la foto(grafia)
fotografar fotografare
fotografia instantânea, instantâneo l'istantanea *f*
fotômetro l'esposimetro *m*
foulard il foulard
fraco debole
fralda il pannolino
francês francese
franco suíço il franco svizzero
frango il pollo
franja la frangetta
franquear affrancare
frase la frase
fratura la frattura
fratura óssea la frattura ossea
freio il freno
freio de mão il freno a mano
freira la suora
fresco fresco
frigobar il minibar
frio freddo
frito fritto
fronteira la frontiera
fruta la frutta
fumante il fumatore
fumar fumare
fumo il tabacco
funcionar funzionare
furgão il vagone bagagli
furioso arrabbiato
fusível la valvola (di sicurezza)
futebol il calcio
futuro *subst* il futuro; *adj* futuro

G

gaivota il gabbiano
galão de água la tanica dell'acqua
galão de gasolina la lattina, la tanica
galeria la galleria
gancho l'uncino *m*, il gancio
ganhar vincere
garagem il garage
garantia la garanzia
garçom il cameriere
garçonete la cameriera
garfo la forchetta

garganta la gola
garrafa la bottiglia
gastar spendere
gasto la spesa
gata la gatta
gato il gatto
gaze la fascia di garza
geada il gelo
gel de banho il gel per la doccia
gel para os cabelos il gel per capelli
geladeira il frigorifero
geleia la marmellata
gelo il ghiaccio
gengiva la gengiva
gente la gente
gentil gentile
ginástica la ginnastica
goleiro il portiere
golfe il golf
golpear colpire
goma de mascar la gomma da masticare
gordo grasso
gorduroso grasso
gorjeta la mancia
gostar piacere, garbare
gosto, sabor il gusto
gostoso gustoso
gota la goccia
gotas para dor de ouvido le gocce per gli orecchi
gótico gotico
governo il governo
grama (*unidade de peso*) il grammo
gramado para tomar sol il prato per sdraiarsi
grampo de cabelo la molleta (per capelli)
grande grande
grande área (*futebol*) l'area *f* di rigore
grandeza, tamanho la grandezza
grão-de-bico il cece
gratinar passare al forno, gratinare
grátis, gratuito gratis
gravata la cravatta
gravidez la gravidanza
graxa de sapato il lucido per scarpe
grego greco
grelha la griglia
gripe l'influenza *f*
gritar gridare
grosso grosso
grupo de teatro la compagnia teatrale
grupo il gruppo, la comitiva

grupo sanguíneo il gruppo sanguigno
gruta la grotta
guarda-chuva l'ombrello *m*
guardanapo il tovagliolo
guardanapo de papel il tovagliolino di carta
guardar custodire
guardar na memória tenere a mente
guarda-volumes automático il deposito a cassette
guia la guida
guia de *campings* la guida dei campeggi
guia de turismo la guida turistica, il cicerone
guia turístico la guida turistica
guiar guidare
guincho il carro attrezzi

H

há (*seguido de sing*) c'è; (*seguido de pl*) ci sono
habitual solito, abituale
handebol la palla a mano
haver esserci
hemorragia l'emorragia *f*
hemorragia nasal l'emorragia *f* nasale
hérnia l'ernia *f*
hérnia inguinal l'ernia *f* inguinale
hesitar esitare
hidroplano l'aliscafo *m*
história la storia
hoje oggi
homem l'uomo *m*
hóquei no gelo l'hockey *m* su ghiaccio
hora l'ora
horário da chegada l'orario *m* d'arrivo
horário de atendimento (*médico*) l'orario *m* di visita
horário de funcionamento l'orario *m* d'apertura
horário de visita l'orario *m* di visita
hortifrúti, quitanda il fruttivendolo
hospedagem l'alloggio *m*
hóspede l'ospite *m*
hospital l'ospedale *m*
hospitalidade l'ospitalità *f*

I

idade l'età *f*
Idade Média il Medioevo

ideia l'idea *f*
ignição l'accensione *f*
igreja la chiesa
igual uguale
ilha l'isola *f*
ilustre distinto
imediatamente subito
impedimento (*futebol*) fuorigioco
impedir impedire
imperador l'imperatore *m*
imperatriz l'imperatrice *f*
importante importante
importunar infastidire
impossível impossibile
impressão l'impressione *f*
impressionante impressionante
impressionismo l'impressionismo *m*
improvável improbabile
imprudente, irrefletido senza riguardo, sconsiderato
inadequado inadatto
incêndio l'incendio *m*
inchaço il gonfiore, la tumefazione
inchado gonfio
incluído compreso
incomodar disturbare
incomum, insólito insolito
inconsciente privo di sensi
incrível incredibile
indecente indecente
indefinido indeciso
indicação l'indicazione *f*
índice (máximo permitido) de alcoolemia il limite (massimo consentito) di alcol nel sangue
indigestão l'indigestione *f*
infarto l'infarto *m*
infecção l'infezione *f*
infelizmente purtroppo
inflamação l'infiammazione *f*
inflamável infiammabile
informação l'informazione *f*
informar informare
informar-se informarsi
inglês inglese
íngreme ripido
ingresso il biglietto d'ingress; **preço do ~** il prezzo del biglietto d'ingresso
ingresso de um dia (l'abbonamento *m*) giornaliero
início l'inizio *m*
injeção l'iniezione *f*, la puntura
inocente innocente
inscrição l'iscrizione *f*, l'epigrafe *f*
inseto l'insetto *m*
insignificante poco importante

insistir insistere
insolação il colpo di sole
insônia l'insonnia *f*
instalação l'impianto *m*
instante l'istante *m*
instável variabile
instrução l'istruzione *f*
insulina l'insulina *f*
insuportável insopportabile
inteiro intero
inteligente intelligente
intensidade do vento l'intensità *f* del vento
interessante interessante
interessar-se (por) interessarsi (a)
interior (*do país, da região*) il retroterra
internacional internazionale
interrail **(passe de trem para residentes na Europa)** l'interrail *m*
interromper interrompere
interruptor l'interruttore *m*
intervalo l'intervallo *m*
intestino l'intestino *m*
intoxicação alimentar l'intossicazione *f* da alimenti
inválido(a) l'invalido(a)
inverno l'inverno *m*
inverso inverso
ioga lo yoga
iogurte l'iogurt *m*
ir andare
ir embora andar via
irado adirato, arrabbiato
irmã la sorella
irmão il fratello
isento de taxas alfandegárias esente da dazio doganale
itinerário l'itinerario *m*

J

já già
janeiro il gennaio
janela la finestra
jantar la cena
jaqueta de couro la giacca di pelle
jardim il giardino
jardim botânico il giardino botanico
jarra, jarro la caraffa
jazz il jazz
jazz (*modalidade de ginástica, exercício*) la ginnastica jazz
jejum il digiuno
joalheria la gioielleria
joelho il ginocchio
jogar giocare
jogo, partida de futebol la partita di calcio

jogo, partida la partita
jogo de duplas il doppio
jogo de simples singolo
jogo da bola il gioco dei birilli
joia il gioiello
jornal il giornale
jornaleiro il giornalaio
jovem giovane
julho il luglio
junho il giugno
junto insieme
junto(s), juntas insieme

K

***kit* de primeiros socorros** il materiale di pronto soccorso
***kit* para conserto/remendo de pneus** gli accessori per la riparazione di forature

L

lã la lana
lá là, lì
lábio il labbro
lado il lato
ladrão il ladro
lago il lago
lamentar essere spiacente di
lamentar-se lamentarsi
lâmpada la lampada, la lampadina (ad incandescenza)
lancha, barco a motor il motoscafo
lanche lo spuntino
lápis de cor la matita colorata
laranja l'arancia *f*
largo largo, ampio
largura la larghezza
lata la scatola
lavagem lo shampoo
lava-louças, máquina de lavar louça la lavastoviglie
lavanderia lavanderia
lavanderia automática la lavanderia a gettone
lavar lavare
lavar a seco lavare/pulire a secco
lavatório lo stanzino da bagno
laxante il lassativo
leal leale
legenda il sottotitolo
legume la verdura
leite il latte
leite desnatado il latte magro
lembrancinha il regalino
lenço il fazzoletto
lenço de papel il fazzoletto di carta
lente la lente
lentilha la lenticchia

lento lento
ler leggere
leste l'est *m*; **a ~ de** a est di
levantar alzare
levantar-se alzarsi
levar portare via
levar, trazer, carregar consigo portare
leve leggero
licença de pesca la licenza di pesca
ligação (*telefônica*) la comunicazione
ligar (*rádio, TV etc.*) accendere
lilás lilla
limão il limone
limonada la limonata
limpador de para-brisas il tergicristallo
limpar pulire
limpeza final (*para entrega do imóvel*) la pulizia finale
limpo pulito
língua de sinais il linguaggio mimico/a segni
língua la lingua
linguado la sogliola
linha la linea
linho il lino
liquidação la svendita
líquido liquido
lista l'elenco *m*
lista telefônica l'elenco *m* telefonico
litro il litro
livraria la libreria
livre, vago libero
livro il libro
livro de bolso il libro tascabile
livro de culinária il libro di cucina
lixeira il bidone delle immondizie
lixo l'immondizia *f*, la spazzatura
local il luogo
local de nascimento il luogo di nascita
local de peregrinação il luogo di pellegrinaggio
localidade la località
loção pós-barba la lozione dopobarba
loiro, louro biondo
loja de antiguidades il negozio di antichità
loja de artigos de couro la pelletteria
loja de bebidas la bottiglieria
loja de brinquedos il negozio di giocattolo
loja de calçados il negozio di calzature

loja de departamentos il grande magazzino
loja de doces il negozio di dolciumi
loja de ferragens il negozio di ferramenta, mesticheria
loja de produtos dietéticos il negozio di prodotti dietetici
loja de produtos orgânicos il negozio di prodotti biodinamici
loja de *souvenirs* il negozio di souvenir
longe lontano
longo lungo
lotado pieno, al completo
louça la stoviglia, i piatti
louças il vasellame
louco pazzo
louro (*condimento*) l'alloro *m*
lua la luna
lucro la vincita, il guadagno
lugar il posto
lula la seppia, il calamaro
luva il guanto
luva de banho il guanto di spugna
luxuoso lussuoso
luz la luce *f*
luz de advertência, pisca-alerta il lampeggiatore d'emergenza
luz de freio la luce di arresto
luzes de posição, faroletes la luce di posizione

M

maçã la mela
macaco (*de carro*) il cric
macio, tenro tenero
madeira il legno
maduro maturo
mãe la madre
magnífico magnifico
magro magro
maio il maggio
maiô il costume da bagno
mais più; ~ **que,** ~ **de** più che, più di
mal male
mala la valigia
mal-entendido il malinteso
mamadeira il biberon
mancha la macchia
manga (*de roupa*) la manica
manhã il mattino, la mattina; **de** ~ di/la mattina
manjericão il basilico
manopla de volante la manopola sul volante
manta la coperta
manteiga il burro
mão la mano

mapa la carta geografica
mapa de trilhas il mappa dei sentieri
mapa rodoviário la carta automibilistica
máquina la macchina
máquina automática il distributore automatico
máquina automática de venda de selos il distributore automatico per francobolli
máquina de lavar roupa la lavatrice
máquina de validação de passagens l'obliteratore *m*
máquina de venda de passagens il distributore automatico di biglietti
máquina fotográfica la macchina fotografica
máquina fotográfica digital la macchina fotografica digitale
mar il mare
mar Mediterrâneo il Mediterraneo
maravilhoso meraviglioso
marca-passo il cardiostimolatore, il pacemaker
marcar (um encontro) fissare
marcha (*de automóvel*) la marcia
marcha a ré la marcia indietro
marchand il commerciante in oggetti d'arte
março il marzo
maré alta l'alta marea *f*
maré baixa la bassa marea
margarina la margarina
margem la sponda
marido il marito
marrom marrone
marulho il moto ondoso
mas ma
máscara de mergulho la maschera da sub
masculino maschile
massa la pasta
massagem il massaggio
material il materiale
mau cattivo
mau jeito na coluna il colpo della strega
maxilar la mascella
mecha, reflexo la meche, il colpo di sole
mediador il mediatore
medicamento la medicina, il farmaco, il medicinale
médio medio

medo la paura
meia la calza
meia-calça il collant *m*, la calzamaglia
meia hora mezz'ora
meia pensão la mezzapensione
meia porção la mezza porzione
meia soquete il calzino
meio il mezzo, il centro, *adj* mezzo
meio, modo il mezzo
meio-dia il mezzogiorno
meio quilo il mezzo chilo
mel il miele
melão il melone, il popone
melhor (o, a) il/la migliore
melhor meglio
melhorar migliorare
memorial il monumento commemorativo
menor (de idade) il/la minorenne
mensal mensile
menstruação la mestruazione
mentira la bugia
mercado das pulgas il mercato delle pulci
mercearia il negozio di generi alimentari
mercearia fina il negozio di specialità gastronomiche
mergulhar nuotare sott'acqua
mês il mese
mesa il tavolo
mesmo(o) lo stesso
mesmo stesso
metade la metà
metro il metro
metrô la metropolitana
metro quadrado il metro quadrato
meu mio
mexilhão il mitilo, la cozza
micose la micosi
micro-ondas il microonda
mictório il gabinetto alla turca, il vespasiano
milho il mais, il granturco
milímetro il millimetro
mim mi, a me
minigolfe il minigolf
minuto il minuto
mirante il belvedere
missa la messa
misturado misto
moça la ragazza
mochila lo zaino
moda la moda
modelo il modello
moderno moderno
modificação il cambiamento

modo il modo
moeda la moneta
moeda corrente la valuta
mole morbido
molhado bagnato
molhe il molo
molho la salsa
montanha la montagna
montante, soma la somma
monte il monte
monumento il monumento
morador l'abitante *m/f*
morango la fragola
morar abitare
morder mordere
morrer morire
morte la morte
morto morto
mosaico il mosaico
mosca la mosca
mosquito la zanzara
mostarda la senape, la mostarda
mostrar mostrare
motel il motel
motivo il motivo
motor il motore
motor de arranque il motorino d'avviamento
motor-home il camper
motorista il conducente
mountain-bike la mountain bike
móvel il mobile
mudar cambiare
mudo muto
muito molto
muleta la gruccia, la stampella
mulher la donna, la moglie
multa l'ammenda *f*, la multa
mundo il mondo
munir-se (de) rifornire (di)
muro il muro
músculo il muscolo
museu il museo
música la musica; **ouvir ~** ascoltare musica
música ao vivo la musica dal vivo
música clássica la musica classica
música popular la musica popolare
musical il musical, la commedia musicale
müsli il müesli

N

na grelha alla griglia
nacionalidade la nazionalità
nada niente

nadadeira, pé de pato la pinna
nadar nuotare
não non
naquela época, naquele tempo allora
nariz il naso
nascido nato
nativo *adj* del posto
natural naturale
natureza la natura
natureza-morta la natura morta
náusea la nausea
navio a vapor il piroscafo, la nave a vapore
necessário necessario
nefrite la nefrite
negativo negativo
nenhum nessuno
nervo il nervo
nervoso nervoso
nesse momento proprio ora
neta la nipote
neto il nipote
neve la neve
neve fofa la neve farinosa
névoa la nebbia
ninguém nessuno
(n)o ano que vem l'anno *m* prossimo
no fim de semana il fine settimana
no final alla fine
no máximo al massimo
no nível do chão a livello del suolo
noite la notte, la sera
noiva la fidanzata
noivo il fidanzato
nome il nome
normal normale
norte il nord; **ao ~ de** a nord di
nós noi
nosso nostro
nota (*de dinheiro*), **cédula** la banconota
notar notare
notebook il notebook
notícia la notizia
novembro il novembre
novidade la novità
novo nuovo
noz la noce
noz-moscada la noce moscata
nu nudo
nu (artístico) il disegno di nudi
nublado nuvoloso
número il numero
número (*de imóvel, da casa etc.*) il numero civico

número de telefone il numero telefonico
número do vagão il numero do vagão
nunca mai
nuvem la nuvola

O

o quê? cosa?, che cosa?, che?
o senhor Lei
objetiva l'obiettivo *m*
objetivo *adj* obiettivo, lo scopo
objeto l'oggetto *m*
objeto de valor l'oggetto *m* di valore
observar osservare
observatório l'osservatorio *m* astronomico
obturação la piombatura
ocasião l'occasione *f*
ocasional occasionale
óculos de esqui gli occhiali da sci
ocupado occupato
ocupar-se de occuparsi di
oeste l'ovest *m*; **a ~ de** a ovest di
ofensa l'offesa *f*
oferecer offrire
oficial ufficiale
óleo l'olio *m*
óleo/fluido de freio l'olio *m* per freni
óleo bronzeador l'olio *m* solare
olhar guardare, *subst* lo sguardo
olho l'occhio *m*
ombro la spalla
onda de calor l'ondata *f* di caldo
ônibus l'autobus *m*
ônibus interurbano l'autobus *m* interurbano
ônibus urbano l'autobus *m* urbano
ontem ieri
ópera l'opera *f*
operação l'operazione *f*
opereta l'operetta *f*
opinião l'opinione *f*
oposto opposto
orelha l'orecchio *m*
órgão (público) l'ufficio *m*, l'ente *m*
original l'originale *m*
orquestra l'orchestra *f*
osso l'osso *m*
ostra l'ostrica *f*
ótica l'ottico *m*
otite l'otite *f*
ou o, oppure

ourivesaria l'arte *f* orafa
ouro l'oro *m*
ousar osare
outono l'autunno *m*
outro altro
outubro l'ottobre *m*
ouvido l'udito *m*
ouvir sentire
ovo l'uovo *m*

P

paciência la pazienza
pacote il pacchetto
pacote postal il pacco postale
padaria il panificio
padre il prete
pagamento il pagamento
pagar pagare
pagar à vista pagare in contanti
pai il padre
pais i genitori
país il paese
paisagem il paesaggio
palácio il palazzo
palavra la parola
pálido pallido
palito de dente lo stuzzicadenti
pancada de chuva lo scroscio di pioggia
pano il panno
pano de prato il canovaccio per asciugare i piatti
pano para lavar louça lo straccio per lavare i piatti
panorama il panorama
pântano la palude
pão il pane
pão branco il pane bianco
pão preto il pane nero
pãozinho il panino
papel la carta
papel-alumínio la carta argentata
papel de carta la carta da lettere, la carta da scrivere
papel-filme la pellicola (per la conservazione dei cibi)
papel higiênico la carta igienica
papel principal il ruolo principale
papelaria la cartoleria
páprica la paprica
par il paio
para (*direção*) a, in, verso, per
para baixo in giù
para-brisa il parabrezza
para-choque il paraurti
para cima in su
para trás all'indietro
parafuso la vite
paralisia la paralisi

parapente il parapendio
paraplégico paraplegico
paraquedismo il paracadutismo
parar fermare, smettere
parar, deter-se, permanecer fermarsi
parceiro de brincadeiras il compagno di giochi
pare! alt!
parecer-se assomigliare
parecido simile
parede la parete
parente il parente
parque il parco, il giardino pubblico
parque de diversões il parco dei divertimenti
parque nacional il parco nazionale
parte la parte
participar (de/em) partecipare (a)
particular, privado privato, particolar
partida la partenza
partir partire
Páscoa la Pasqua
passado il passato, passato
passageiro il passeggero
passagem il biglietto, il passaggio
passagem de ida e volta il biglietto di andata e ritorno
passagem infantil il biglietto per ragazzi
passagem subterrânea il sottopassaggio
passaporte il passaporto
passar passare
passar (a ferro) stirare
passarela la passerella, il pontile
pássaro l'uccello *m*
passe (*jogada esportiva*) il passaggio
passe de um dia il biglietto giornaliero
passe de uma semana l'abbonamento *m* settimanale
passear passeggiare
passeio il giro, la passeggiata
passeio ciclístico l'itinerario *m* in bici(cletta)
passeio de um dia la gita di un giorno
passeio de veleiro la veleggiata, la gita in barca a vela
passeio, excursão, *tour* la gita, il giro, l'escursione *f*
pastilha para a garganta la pastiglia per la gola

patê de fígado il pasticcio di fegato
patim de gelo il pattino per ghiaccio
patim *in line* il rollerblade
patinação no gelo il pattinaggio su ghiaccio
patinete il monopattino
pátio il cortile
pátio interno il cortile interno
pátria la patria
pé il piede
peça de teatro la pièce teatrale
pechinchar mercanteggiare
pecorino (*queijo de ovelha*) il pecorino
pedaço il pezzo; **um ~ de pão** un pezzo di pane
pedágio rodoviário il pedaggio autostradale
pedalinho il patino a pedali, il pedalò
pedestre il pedone
pedido l'ordinazione *f*
pedir chiedere
pedra la pietra
pedregoso sassoso
pegar, segurar prendere
peito il petto
peixaria la pescheria
peixe il pesce
peixe-espada il pesce spada
peixeiro il pescivendolo
pele la pelle
pelo (*subst*) il pelo
pelo menos per lo meno
pena, punição la pena
penhor il pegno
pensão la pensione
pensão completa la pensione completa
pensar pensare, credere
pensar em pensare a
pente il pettine
penteado la pettinatura
pentear pettinare
penúltimo penultimo
pepino il cetriolo
pequeno piccolo
pera la pera
perca il pesce persico
perceber notare
perda la perdita
perder perdere
perder o ônibus perdere l'autobus
perder-se smarrirsi
perfumaria la profumeria
perfume il profumo
pergunta la domanda
perguntar domandare
perigo il pericolo
perigoso pericoloso

permanente (*de cabelo*) la permanente
permissão permesso
permitido ammesso
permitir permettere
perna la gamba
pernoitar pernottare
pernoite il pernottamento
pérola la perla
pertencer appartenere
perto vicino; ~ **de** vicino a
peruca la parrucca
pesado pesante
pesar pesare
pescar pescare
pescoço il collo, la gola
peso il peso
pêssego la pesca
pessoa la persona
pessoal (*subst*) il personale; (*adj*) personale
pessoas la gente (*sing*)
peteca il volano
petróleo il petrolio
pia il lavabo, il lavandino, il lavandino per i piatti, l'acquaio *m*
piada la barzelletta
picante piccante
picar, espetar pungere
pico la cima
pilha la batteria
pílula anticoncepcional la pillola anticoncezionale
pimenta il pepe
pimentão il peperone
pinça la pinzetta
pincel de barba il pennello da barba
pingente il ciondolo
pingue-pongue il ping-pong
pintar dipingere
pintor il pittore
pintora la pittrice
pintura il dipinto, la pittura
pintura a óleo la pittura a olio
pintura em aquarela la pittura di acquerello
pintura em seda la pittura in seta
pintura em vidro la pittura su vetro, la vetrocromia
pires il piattino
piscina infantil la piscina/la vasca per bambini
pista/rinque de patinação no gelo la pista per pattinaggio su ghiaccio
pista de esqui de fundo la pista di fondo
placa (*de estabelecimento*) l'insegna *f*; (*de carro*) la targa; (*de trânsito*) il segnale

placa de nacionalidade la targa di nazionalità
placa de trânsito il segnavia
placa do carro la targa
planície la pianura
plano piatto, piano
planta la pianta
plataforma il binario
plateia la platea
plugue la spina
pneu il pneumatico
pneu furado la gomma a terra
pneu para neve il pneumatico da neve
pneumonia la polmonite
pó de arroz la cipria
pó, poeira la polvere
pobre povero
poder potere
podre guasto, marcio
pois poiché
Polaroide® la macchina fotografica a sviluppo immediato
polícia la polizia
policial l'agente *m/f*, il vigile/la vigilessa
poliomielite la polio(mielite)
pomada la pomata
pomada para queimaduras la pomata per le bruciature
ponta la punta
ponte il ponte
ponto de ônibus la fermata
ponto de táxi il posteggio di taxi
ponto final (*de transporte urbano*) il capolinea *m*
ponto morto la folle *f*
pontual puntuale
por per, da
pôr mettere
por acaso per caso
por cento percento
por escrito per iscritto
pôr gasolina, abastecer far benzina
por isso perciò
por mim per me
por que, porque perché
por volta de verso
por volta do meio-dia verso mezzogiorno
porção la porzione
porcelana la porcellana
porta la porta
portal il portale
porta-malas il bagagliaio
porta-níqueis il portamonete, il borsellino
portanto dunque, allora
portão il portone
portão de embarque la sala d'attesa passeggeri

porte (*de carta*) l'affrancatura *f*
porteiro il portiere
porteiro eletrônico l'apriporta *m* automatico
porto il porto
Portugal il Portogallo
português, portuguesa (*adj e subst*) portoghese
positivo positivo
possibilidade la possibilità
possibilitar rendere possibile
possível possibile
posta-restante il fermo posta
posto de serviço la stazione di servizio, l'autogrill *m*
pouco poco; **um ~** un po'
pouco, um ~ (de) un po' (di)
povo il popolo
praça la piazza
prado il prato
praia la spiaggia
praia de nudismo la spiaggia per nudisti
prancha de windsurfe la tavola del wind-surf
prata l'argento *m*
praticar mergulho livre fare lo snorkeling
prático pratico
prato il piatto, (*de comida*) la portata, (*iguaria*) la pietanza
prato do dia il piatto del giorno
prato fundo il piatto fondo, la scodella
prato principal il secondo
prazo il termine, la data
pré-aviso il preavviso
precisar aver bisogno di
preço il prezzo
preço fechado il forfait
preço fechado para a eletricidade il prezzo forfettario per la corrente
preço por quilômetro il prezzo per chilometro
preço total il prezzo forfettario
preencher compilare, riempire
prefeitura il municipio
preferência, prioridade la precedenza
preferir preferire
pregador, prendedor de roupas la molletta (per stendere la biancheria)
preguiçoso pigro
prejudicial dannoso
prejuízo il danno
prêmio il premio
prender arrestare
preocupar-se (com) preoccuparsi (di)

preocupar-se preoccuparsi
preparar preparare
prescrever prescrivere
prescrição médica, receita médica la ricetta
presente il regalo
presentear regalare
preservativo il preservativo, il profilattico
prestar atenção a fare attenzione a
presunto il prosciutto
presunto cozido il prosciutto cotto
presunto cru il prosciutto crudo
pretender avere l'intenzione di, intendere
preto nero
previsão do tempo la previsione meteorologica
prima la cugina
primavera la primavera
primeira marcha la prima
primeiramente prima
primeiro primo
primo il cugino
principal principale
prisão la prigione
prisão de ventre la costipazione, la stitichezza
prisão preventiva la detenzione preventiva
pró a, per
problema il problema
problema cardíaco il disturbo cardiaco
problema circulatório il disturbo circolatore
problema mecânico il guasto, la panne
procissão la processione
procuração la delega, la procura
procurar cercare
produto il prodotto
professor de esqui il maestro di sci
profissão la professione
profundo profondo
programa
programa il programma, (*de uma peça de teatro*) l'opuscolo *m* del programma, (*de rádio, televisão*) la trasmissione
proibição il divieto
proibido vietato
proibir proibire
projeto, plano il progetto, il piano
prolongar allungare
prometer promettere

pronto pronto
pronto-socorro il pronto soccorso
pronunciar pronunciare
proposta la proposta
propriedade rural la fattoria, la tenuta
proprietário il proprietario, proprietario
próprio proprio
prospecto il prospetto
prótese la protesi
prótese ortopédica il presidio ortopedico
protestar protestare
protetor diário (*de calcinha*) l'assorbente *m* sottile, i proteggi-slip
protetor solar la protezione solare
prova la prova
provável probabile
providenciar procurare
provir derivare, provenire
provisão la provvista
provisório provvisorio
próxima prossima
próximo prossimo, vicino
pub il pub
público il pubblico, pubblico
pulmão il polmone
pulôver il pullover, il maglione
pulseira il braccialetto
pulso il polso
pus il pus
puxador la maniglia
puxar tirare

Q

quadril l'anca *f*
quadro il quadro
qualidade la qualità
quando quando
quantidade la quantità
quarta-feira il mercoledì
quarto la camera, la stanza
quarto de dormir la camera da letto
quase circa, quasi
que che
que necessita de cuidados bisognoso di cure
que pena! Che peccato!
quebrado rotto
queijo il formaggio
queijo de cabra il formaggio di capra
queimadura l'ustione *f*
queimadura de sol la scottatura solare
queimar bruciare
queixar-se de lamentarsi di
quente caldo

querer volere
querido tesoro
quilograma il chilogrammo
quilômetro il chilometro
quinta-feira il giovedì
quitinete lo studio

R

radiador il radiatore
rádio la radio
rádio do carro l'autoradio *f*
radiografar radiografare
radiografia la radiografia
rainha la regina
raio il fulmine
raiva la rabbia
rajada de vento la raffica di vento
rampa la rampa
rapaz il ragazzo
rápido *adj* rapido, veloce; *adv* presto, rapidamente, velocemente
rápido presto; **o mais ~ possível** al più presto possibile
raquete la racchetta
raro raro
real reale
rebocar rimorchiare, trainare
receber ricevere
receitar, prescrever prescrivere
recém-nascido il neonato
recente recente
recepção l'accettazione *f*, la reception
recheado ripieno
recibo la ricevuta
recipiente il recipiente
reclamação il reclamo
reclamar reclamare
recomendação l'indicazione *f*
recomendar raccomandare
recompensa la ricompensa
recordar ricordare
recordar-se ricordarsi
recusar rifiutare
recusar-se rifiutarsi
rede la rete
redondo rotondo
reenviar recapitare
refeição il mangiare, il pasto
refresco la bibita
regente, maestro/maestrina il direttore/la direttrice d'orchestra
região la regione, la zona, la terra
regressar ritornare
regresso il rientro
regulamento il regolamento
regular (*adj e verbo*) regolare

rei il re
relação la relazione
relatar riferire
relatório il rapporto
religião la religione
relógio de pulso l'orologio *m* da polso
relojoeiro l'orologiaio *m*
relva il prato
remar remare
remédio il rimedio
remédio para problemas circulatórios il farmaco/il medicamento per disturbi circolatori
remetente il mittente
remo il remo
removedor de esmalte l'acetone *m*, il solvente per smalto
Renascimento il rinascimento
renda, rendilhado il pizzo
repentino subito
repetir ripetere
repousar riposarsi
repreender sgridare
reserva (*de lugar, de assento*) la prenotazione
reserva de animais selvagens la riserva per animali selvaggi
reserva de caça la riserva di caccia
reserva ornitológica la zona di protezione degli uccelli
reservar prenotare, riservare
resfriado il raffreddore, la costipazione *f*
resolver risolvere
resort il centro vacanze
respirar respirare
responder rispondere
responsável responsabile
ressarcimento, indenização il risarcimento
ressarcir, indenizar risarcire
restabelecer-se rimettersi
resto il resto
resultado il risultato
reto diritto
retornar, voltar ritornare, tornare indietro
retorno il ritorno
retrato il ritratto
reumatismo il reumatismo
revista il periodico, la rivista, il rotocalco
revista para colorir l'album *m* da colorare, il libro da colorare
rezar pregare
rico ricco
ridículo ridicolo

rim il rene
rímel il mascara
rio il fiume
rir ridere
risca la riga
risco il rischio
rocha la roccia
rock il rock
roda la ruota
rodovia l'autostrada *f*
romance il romanzo
roncar russare
rosa rosa
rosto la faccia
roubar rubare
roubo il furto
roupa l'abbigliamento *m*
roupa de baixo, roupa íntima la biancheria intima
roupa de cama la biancheria da letto
roupa de mergulho la muta in neoprene
roupa infantil l'abbigliamento *m* per bambini
roupa lavada il bucato
roupão de banho l'accappatoio *m*
roxo viola
rua la via, la strada
rubéola la rosolia
ruim cattivo
ruína la rovina
ruptura de ligamentos lo strappo dei legamenti

S

sábado il sabato
sabão para lavar roupa il detersivo
saber sapere
sabonete il sapone
sacada, varanda il balcone
saca-rolhas il cavatappi
saco il sacchetto
saco de lixo il sacco delle immondizie
saco plástico il sacchetto di plastica
sacola il sacchetto
sadio, saudável sano
saguão l'hall *f*
saia la gonna
saída l'uscita *f*
saída de emergência l'uscita *f* d'emergenza
sair uscire
sal il sale
sala la sala
sala de café da manhã la sala per la colazione
sala de espera la sala d'aspetto

sala de estar il soggiorno

sala de refeições la sala da pranzo

sala de TV la stanza della televisione

salada l'insalata *f*

salame il salame

saleiro lo spargisale, la saliera

salsa il prezzemolo

salsicha, salsichão il wurstel

saltar saltare

salteado il piatto al tegame

salto (*de sapato*) il tacco

salva, sálvia la salvia

salvar salvare

salva-vidas il bagnino

sandália il sandalo

sandália de praia il sandalo da spiaggia

sangrar sanguinare

sangue il sangue

santo, sagrado santo

sapateiro il calzolaio

sapato la scarpa

saquinho de chá la bustina di tè

sarampo il morbillo

sarau folclórico la serata folcloristica

satisfeito contento, soddisfatto

satisfeito, saciado sazio

sauna la sauna

se se

secador de cabelos il fon

secadora de roupas l'asciugatrice *f*

seção de achados e perdidos l'ufficio *m* oggetti smarriti

secar asciugare

secar os cabelos (*com secador*) asciugare con il fon

seco secco, asciutto

secretária eletrônica la segreteria telefonica

secreto segreto

século il secolo

seda la seta

sede (*local, estabelecimento*) la sede

seguir seguire

segunda seconda

segunda-feira il lunedì

segunda-feira de Páscoa il Lunedì dell'Angelo

segunda-feira passada il lunedì scorso

segundo il secondo, secondo

segurança la sicurezza

segurar tenere

seguro l'assicurazione *f*, sicuro

seguro de veículo la carta verde

seguro parcial l'assicurazione *f* parziale per tutti i rischi
seguro-saúde la cassa malattia
seguro total l'assicurazione *f* di totale copertura
self-service il self-service
selo il francobollo
selo especial (*para colecionadores*) l'emissione *f* speciale
sem senza
sem álcool analcolico
sem barreiras arquitetônicas, sem obstáculos senza barriere architettoniche
sem compromisso senza impegno
sem valor senza valore
sem-vergonha sfacciato
semáforo il semaforo
semana la settimana
semana extra la settimana supplementare
semanal settimanale
sempre sempre, spesso
senha il numero segreto
senhor il signore
senhora la signora
senhorita la signorina
sensibilidade do filme la sensibilità del film
sentar sedere
sentar-se sedersi
sentido il senso
sentimento il sentimento
sentir sentire
sentir tontura, sentir vertigem avere le vertigini
separar separare
septicemia la setticemia
sepultura il monumento sepolcrale
ser essere
ser a favor de essere favorevole
ser amigos/amigas essere amici/amiche
ser constituído de essere costituito da
ser contra essere contrario
ser humano l'uomo *m*
ser obrigado essere obbligato
ser válido essere valido
seringa la siringa
sério serio
serviço il servizio
serviço de assistência il servizio assistenza
serviço de assistência social il servizio assistenza sociale
serviço de mesa il coperto
serviço de reboque l'autosoccorso *m*

serviço de transporte il servizio di trasporto
serviço de traslado il servizio pullman
servir servire
servir-se servirsi, prendere
setembro il settembre
setor il reparto
sexo il sesso
sexta-feira il venerdì
short il pantaloncino, lo short
show lo show
significado il significato
silêncio il silenzio
silencioso silenzioso
sim sì
simpático simpatico
simples semplice
simultâneo contemporaneo
sinal il segnale, il segno
sinusite la sinusite
sistema de alarme il sistema d'allarme
situação la situazione
situar-se giacere
skate il skate-board
***snorkel*, respiradouro** il respiratore di superficie, lo snorkel
só solo
soar suonare
sob, embaixo de sotto
sobrar rimanere, restare
sobre sopra, su
sobremesa il dessert, il dolce
sobrenome il cognome
sobrenome de solteira il cognome da ragazza
sobretudo (*casaco*) il cappotto, il soprabito
sóbrio sobrio
socorro rodoviário il soccorso stradale
sofá-cama il divano letto
sol il sole
sola la suola
solário il solario
soletrar sillabare
solicitação la domanda
sólido saldo
solista il/la solista
solitário solitario
solteira nubile
solteiro celibe, scapolo
som il suono
sombra l'ombra *f*
somente solo, soltanto
sonho il sogno
sonífero il sonnifero
sopa la minestra
suar sudare
suave (*vinho*) amabile, mite, dolce
subir salire

substituir sostituire
subúrbio il sobborgo
suco de laranja il succo d'arancia
suculento succoso
suficiente sufficiente
Suíça la Svizzera
suíça la svizzera
suíço il svizzero
sujeira la sporcizia
sujeito a taxas alfandegárias soggetto a dazio doganale
sujo sporco
sul il sud; **ao ~ de** a sud di
sunga il costume da bagno
supermercado il supermercato
suplementar supplementare, in più
suplemento il supplemento
supositório la supposta
surdo sordo, non udente
surdo-mudo il sordomuto
surfar praticare il surfing
surpreso sorpreso
sutiã il reggiseno
suturar cucire

T

tabacaria il tabaccaio
tabela de horários l'orario *m*
taça para vinho il bicchiere da vino
taco de golfe la mazza da golf
tailleur il tailleur
tala la stecca
talco il borotalco
talha l'intaglio *m*
talher la posata
talvez forse
tamanho (*de roupa*) la misura
tâmara il dattero
também anche
também não, tampouco neppure
tampão (*absorvente íntimo*) il tampone
tangerina il mandarino
tanque (*de combustível*) il serbatoio
tanque de areia il recinto com la sabbia
tanto quanto tanto quanto
tarde tardi, (*período do dia*) il pomeriggio; **à ~** pomeriggio; **mais ~** più tardi
tarifa alfandegária la tariffa doganale
tarifa de fim de semana il forfait per il fine settimana
taxa la tassa

taxa de câmbio il corso dei cambi
taxa de embarque il diritto aeroportuale
taxa de seguro la tassa per controlli di sicurezza
taxista il/la tassista
teatro il teatro
teatro bailado il teatro-danza
teatro de variedades il varietà
tecido la stoffa
tedioso noioso
teleférico de cabine, funicular la funivia, la funicolare
teleférico de cadeira la seggiovia
telefonar telefonare
telefone il telefono
telefone celular il cellulare, il telefonino
telefone de emergência il telefono d'emergenza
telefone do quarto il telefono in camera
telefone sem fio il telefono cordless, telefono portatile
telefonema la telefonata
telegrama il telegramma
teleobjetiva il teleobiettivo
telesqui la sciovia
telesqui para crianças l'impianto *m* di risalita per bambini
televisor il televisore
telhado il tetto
temer, ter medo (de) temere, aver paura (di)
temperar condire, drogare
temperatura la temperatura
tempero de salada il condimento per l'insalata
templo il tempio
tempo il tempo
temporada la stagione
tênis (*calçado*) la scarpa da ginnastica, (*esporte*) il tennis
ter avere
ter razão aver ragione
terça-feira il martedì
terceira terza
terceiro terzo
terminal l'air *m* terminal
terminal de ônibus la stazione degli autobus
terminar finire
termômetro il termometro
terno *adj* tenero, affettuoso, *subst* l'abito *m*
terra la terra
terra firme la terraferma
terraço la terrazza
terracota la terracotta

terreno il terreno
térreo pianterreno
terrível terribile
tesoura la forbice
tesoura de unha la forbice per le unghie
tétano il tetano
teto il soffitto
teto solar il tetto apribile
tíbia la tibia
tifo il tifo
time, equipe la squadra
tímido timido
tímpano la membrana del timpano, (*arquitetura*) il timpano
tingir tingere
tintura de iodo la tintura di iodio
típico tipico, caratteristico
tirante da barraca il laccio da tenda
toalete la toilette, il bagno
toalha l'asciugamano *m*
toalha de mesa la tovaglia
toca-CD il lettore CD
tocar (*encostar*) toccare
todavia ciò nonostante, tuttavia
todo tutto
todos, todas tutti, tutte
todos os dias ogni giorno, tutti i giorni
tolo stupido, scemo
tomada la presa
tomada elétrica la presa di corrente
tomar café da manhã fare colazione
tomate il pomodoro
tomilho il timo
tonalidade il tono, la tonalità
tontura, vertigem l'imbroglio *m*, la vertigine
tornar-se diventare
torneira il rubinetto
tornozelo il malleolo
torrada il toast
torradeira il tostapane
torre la torre
tosse la tosse
tostado tostato
total l'importo *m*, la somma
touca de banho la cuffia
trabalhar lavorare
trabalho il lavoro
traço il tratto
traduzir tradurre
tráfego, trânsito il traffico
tragédia la tragedia
trailer la roulotte
traje de noite l'abito *m* da sera

traje regional il costume regionale
trancar chiudere a chiave
tranquilizar-se tranquillizzarsi
tranquilo tranquillo
transfer do aeroporto il collegamento pullman con l'aeroporto
transferência (*bancária*) la rimessa, il trasferimento
transferência telegráfica il vaglia telegrafico
tratar (*doença*) trattare, curare
travessa la terrina, l'insalatiera *f*
travesseiro il guanciale, il cuscino
travessia da fronteira il valico di frontiera
trazer consigo portare con sé
trazer portare
trem il treno
trem urbano il treno locale
trem-leito que transporta automóveis il treno traghetto
trenó la slitta
triângulo de segurança il triangolo
tribunal il tribunale
trilha il sentiero
trilha (para caminhadas) il sentiero (per escursioni)
trilho la rotaia
tripé il treppiedi
tripulação l'equipaggio *m*
triste triste
troca lo scambio
troca da guarda il cambio della guardia
troca de óleo il cambio dell'olio
trocador (mesa para trocar fraldas) il fasciatoio
trocar cambiare, scambiare
trocar de roupa cambiarsi
trocar o bilhete cambiare il biglietto
troco la moneta, gli spiccioli
tudo tutto
tumba la tomba
tumor il tumore
túnel il tunnel, la galleria
turista il/la turista
turquesa la turchese
turvo torbido

U

úlcera l'ulcera *f*
última ultima
último ultimo
ultrapassar sorpassare
um un/uno
um monte de un mucchio di

um pouco (de) un po' (di)
uma una
uma vez una volta
úmido umido
único unico
unicolor a tinta unita
universidade l'università *f*
urgente urgente
urina l'urina *f*
usar adoperare, usare
usual usuale
uva l'uva *f*

V

vacinação la vaccinazione
vaga de estacionamento para deficientes il posteggio per handicappati
vagão-restaurante il vagone ristorante
vagem il fagiolino
vale il buono, la valle
vale postal il vaglia, l'assegno *m* postale
válido valido
valor il valore
valor declarado il valore dichiarato
van la vettura pullman
vantagem il vantaggio
vara de pescar la canna da pesca
varal la corda per stendere il bucato, lo stendibiancheria
vareta da barraca il palo da tenda
vaso il vaso
vazio vuoto
vegetariano vegetariano
vela la candela
velho vecchio
velocidade la velocità
velocímetro il tachimetro
venda la vendita
venda antecipada la prevendita
vender vendere
veneno il veleno
venenoso velenoso
ventilador il ventilatore
vento il vento
ver vedere
verão l'estate *f*
verdadeiro vero
verde verde
verme il verme
vermelho rosso
versão original la versione originale
vesícula biliar la cistifellea
vespa la vespa
vestiário il guardaroba

vestido il vestito
vestir-se vestirsi, mettersi
via expressa la superstrada
viagem il viaggio
viagem de volta il viaggio di ritorno
viajante il viaggiatore/la viaggiatrice
viajar (para) partire (per), viaggiare
viajar de carona viaggiare in autostop
viatura policial l'auto *f* della polizia
vice-versa viceversa
vida la vita
videocassete la videocassetta, il videoregistratore
viela il vicolo
vigarista l'imbroglione *m*
vigiar sorvegliare
vilarejo montanhês il villaggio di montagna
vinagre l'aceto *m*
vinhedo il vigneto, la vigna
vinho il vino
vinho branco il vino bianco
vinho tinto il vino rosso
vir venire
vírus il virus
visita la visita
visita guiada la visita guidata
visitar visitare
visor il mirino
vista la vista
visto il visto
visto que dato che
vitrine la vetrina
viúva vedova
viúvo vedovo
vivaz vivace
viver vivere
vizinho il vicino
voar volare
você tu
vocês voi
vôlei de praia il beach-volley
voleibol la pallavolo
volt il volt
volta da ilha giro dell'isola
voltagem il voltaggio
vontade la voglia; **ter ~** avere voglia di
voo a vela, volovelismo il volo a vela
voo il volo
voo doméstico il volo nazionale
voo internacional il volo internazionale
voz la voce
vulcão il vulcano

W

watt il watt

X

xale lo scialle
xampu lo shampoo
xarope (contra tosse) lo sciroppo (contro la tosse)
xícara la tazza
xilogravura la silografia

Z

zangado arrabbiato
zoológico lo zoo